*Esc*

*a* PRAGA

Ediciones de Viaje

## AUTORÍA DE LAS FOTOGRAFÍAS

**Fotografías cedidas por Pavel Štecha**, página del título, 5, 6, 9, 11, 12, 15, 16, 17, 23, 24, 25, 27, 28, 29, 30 (sup., inf.), 31, 32, 33, 38, 39, 40, 42, 43, 44, 45, 46, 47, 49, 50, 51 (izda., dcha), 53, 54, 55, 56, 58, 59, 61, 62, 65, 66, 67, 68, 71 (sup., inf.), 73, 74, 75, 76, 77, 81 (sup., inf.), 82, 83, 84, 85, 87, 88, 89, 91, 92, 96, 97, 99, 101, 104; The Travel Library, cubierta, contracubierta, 19, 21, 34, 37, 106, 108, 111, 116, 119; The Travel Library/David Forman, 125; The Travel Library/G. Walden, 107; BFI Stills, Posters and Designs, 79.

*Cubierta: iglesia de Nuestra Señora de Týn; contracubierta: el Puente Carlos en el crepúsculo; página del título: detalle del Hotel Eůropa.*

Los detalles relativos a la información que esta guía proporciona están en continuo cambio. Por esta razón, y a pesar de los esfuerzos realizados para cerciorarse de la exactitud y validez de estos datos, Michelin Edictiones de Viaje no asume la responsabilidad de las consecuencias que se deriven de los cambios, errores u omisiones respecto a dicha información.

---

**MANUFACTURE FRANÇAISE DES PNEUMATIQUES MICHELIN**

Place des Carmes-Déchaux - 63000 Clermont-Ferrand (France)

© Michelin et Cie. Propriétaires-Éditeurs 2003

Dépôt légal janvier 2003 - ISBN 2-06-101114-4 - ISSN en cours

Prohibido todo tipo de reproducción total o parcial,
sin autorización previa del editor.

Impreso en España 12-02/2

---

**MICHELIN Ediciones de Viaje**
Avenida de los Encuartes 19, 28760 Tres Cantos
(Madrid)
☎ 91 410 50 00
www.ViaMichelin.es

# SUMARIO

Introducción  *4*

## PRESENTACIÓN
Geografía  *6*
Una historia de leyenda  *7*
Su gente y su cultura  *16*
*Escritores checos  20*

## DESCUBRIR PRAGA
**Visitas imprescindibles**  *22*
El camino real  *24*
*Las estatuas del Puente Carlos  34*
El Castillo de Praga y Hradčany  *41*
Malá Strana: La Ciudad Pequeña  *57*
Staré Město: La Ciudad Vieja  *64*
Josefov: El Barrio Judío  *71*
*El Golem  78*
**La Cruz de Oro**  *83*
*La música en Praga  86*
**Museos y Galerías**  *88*
**Lugares de interés**  *94*

## VIVIR PRAGA
Alojamiento  *102*
La cocina checa  *103*
Qué beber  *105*
Restaurantes  *107*
Compras  *108*
Espectáculos y vida nocturna  *109*

## INFORMACIONES PRÁCTICAS
Cómo llegar  *110*
Información de la A a la Z  *112*
Vocabulario esencial  *126*

Índice  *127*

# INTRODUCCIÓN

No exageramos al decir que la magia de Praga es incomparable. Todo recién llegado descubre que sus pasos le conducen irremediablemente a través de la Staré Mèsto (la Ciudad Vieja) hacia el Puente Carlos, símbolo secular de la ciudad y expresión sublime del arte barroco. Ascienda lentamente al castillo por las sinuosas callejuelas de Malá Strana, su mente no tardará en confundir sueño y realidad.

Decorado de cuento y moderna capital de Bohemia al mismo tiempo; maravillosa ciudad donde las estatuas parecen estar tan vivas como los seres humanos, donde una sencilla portada da acceso a jardines de ensueño, y donde las fachadas palaciegas ocultan las joyas más hermosas.

La ciudad de los «cien capiteles» se salvó milagrosamente de los bombardeos de la Segunda Guerra Mundial y se nos ofrece como un maravilloso tesoro arquitectónico, en el que se entremezclan los estilos románico, gótico, barroco, *art nouveau* y cubista. «Praga no te deja... esta madre tiene garras» escribiría Franz Kafka. Praga ha sido siempre terreno abonado para la creatividad, y en ningún otro campo con tanta entrega como en el de la música, «el corazón checo». Smetana, Dvořák, Janáček y Martinů alcanzaron la fama en esta ciudad, y fue precisamente en el Teatro Nostitz, actual Teatro de los Estados, donde se representó por vez primera el *Don Giovanni* de Mozart, en 1787. El Festival de Música de la Primavera de Praga, que se celebra anualmente entre mayo y junio, ofrece al visitante la oportunidad de sentir como en pocas ocasiones esa atmósfera indefinible que caracteriza a esta ciudad. También se puede subir al castillo y disfrutar de una panorámica excelente sin edificios modernos que contaminen su paisaje, con sus cúpulas de cobre cubiertas de verdín. Su

*El río Vltava (Moldava) divide la ciudad en dos partes: Malá Strana y el castillo a la izquierda y la ciudad vieja a la derecha. El Puente Carlos las une.*

encanto es aún mayor en invierno: no hay otra ciudad en el mundo que lleve con más donaire su manto de nieve.

Otros visitantes preferirán buscar el espíritu de Praga en sus tabernas, por las que no pasa el tiempo y que apenas han cambiado desde la época en la que acudía a ellas el valiente soldado Švejk, antihéroe nacional creado por Jaroslav Hašek.

# PRESENTACIÓN

## GEOGRAFÍA

En sus orígenes Praga no era una, sino cuatro. Cuatro ciudades independientes convertidas desde hace siglos en barrios de una sola ciudad (cuyo nombre oficial es Praha 1). Aún hoy se aprecia el carácter diferente de cada una de ellas. El río Moldava (Vltava en checo, Moldau en alemán) atraviesa la ciudad. En la ribera izquierda se extienden el **Hradčany**, espolón

*Romántico atardecer en Praga, con la no menos romántica silueta del castillo recortándose en el cielo de la ciudad.*

# UNA HISTORIA DE LEYENDA

rocoso sobre el que se alza el castillo (*hrad*), y el barrio de **Malá Strana** (la «Ciudad Pequeña»), al que pertenecen la colina de Petřin y la isla de Campa. El Puente Carlos permite el acceso, ya en la orilla derecha, a **Staré Město** (la Ciudad Vieja), en la que se encuentra Josefov (el antiguo gueto judío). Pasados unos bulevares en forma de semicírculo (las calles Nárdoni y Na Přikopé), huella del trazado de las antiguas fortificaciones, se halla **Nové Město** (la Nueva Ciudad), cuyo centro neurálgico es la **Václavské Náměstí** (Plaza Venceslao).

Sabiendo cómo están situados estos cuatro barrios le será fácil orientarse en Praga, ¡pero cuidado!, no se deje confundir por los dos números que verá en la mayoría de los edificios: el rojo se refiere al barrio, y el azul a la calle.

## UNA HISTORIA DE LEYENDA

### Una ciudad de leyenda

Praga está situada en el mismísimo corazón de Europa. Bismarck pronunció las siguientes palabras: «Quien posee Bohemia, posee Europa». Así pues, no producirá asombro saber que la región que rodea la ciudad de Praga ha sido objeto de disputas a lo largo de la historia. En el s. V a. C., la tribu celta de los **boios** —a los cuales se debe el nombre de la región, Bohemia— fue expulsada por las tribus germánicas de los marcomanos y los cuados; los mismos que más tarde conseguirían un retroceso de las fronteras del imperio romano. Con la caída de Roma en el s.V, los **hunos** hicieron irrupción en la zona para ser suplantados a su vez, un siglo más tarde, por los belicosos **ávaros**. En torno al s. VI, los primeros **eslavos**, ancestros de los checos, se establecieron en la región. Según la leyenda, es durante este período cuando se fundó la ciudad de Praga. La **princesa Libuše**, hija de un rey llamado Crocus, fue

7

## PRESENTACIÓN

famosa por tener el don de la profecía. Esta princesa tuvo la visión de «una ciudad cuya gloria alcanzaría un día la estrellas». Exactamente en el lugar descrito por la profetisa (Vyšehrad), sus compañeros descubrirían a un hombre que remataba la construcción de su casa instalando el umbral, *práh* en checo. Los trabajos de edificación de la nueva ciudad de Praga (*Praha*) comenzarían inmediatamente.

Una de las características de Praga es que prácticamente todos los detalles de su historia o de su construcción encuentran explicación en una leyenda. No obstante, a partir del s. IX la leyenda ha tenido que conjugarse con la verdad histórica. En esta época, los misioneros griegos Cirilo y Metodio convirtieron al cristianismo al **príncipe Bořivoj**, jefe eslavo de Bohemia.

El nieto de Bořivoj, primero de una larga serie de reyes llamados **Venceslao** (*Václav* en checo), fue proclamado rey en el año 921. Ardiente defensor de la fe, construyó —junto al Castillo de Praga— la primera iglesia dedicada a San Vito. Consiguió también reforzar la posición estratégica de la villa erigiendo el castillo de Vysehrad, en la margen derecha del río Moldava. Fue asesinado por orden de su hermano, **Boleslav,** quien se convirtió así en el soberano inflexible que consolidaría la dinastía Přemyslita. Por lo que a Venceslao (el rey mártir) se refiere, pasó a ser el santo patrón de Bohemia.

### Un centro comercial

La Praga de la época romana se convertirá rápidamente en centro de comercio, convenientemente situado en el mapa de rutas comerciales de Europa y a orillas del río. Gracias a los beneficios generados por este comercio se construyeron iglesias y conventos. En el año 973, bajo el reinado de **Boleslav el Piadoso,** Praga se convirtió en sede episcopal. Es un hecho significativo que el nuevo obispo dependiera del arzobispo de Maguncia, lo que marca el comienzo

# UNA HISTORIA DE LEYENDA

del influjo alemán sobre Bohemia. Durante el siglo siguiente se ampliaría la presencia de los mercaderes alemanes del Sacro Imperio en Praga y en Bohemia.

En el s. XII se construyó el primer puente de piedra sobre el río Moldava, y se le dio el nombre de Judith, esposa del rey. Este acceso facilitó la construcción de nuevas barriadas y fortificaciones a ambas orillas del río. En el año 1257, el más famoso de los reyes Přemyslitas, **Otakar II**, fundó Malá Strana (la Ciudad Pequeña), con el objeto de instalar allí a los mercaderes alemanes. La aristocracia de Bohemia veía con malos ojos la llegada de estos mercaderes, pero Otakar, que había construido un vasto reino, intentó solventar el problema presentándose como candidato a la dignidad imperial. Su intentó resultó en fracaso, y se vio obligado a rendirse a Rodolfo de Habsburgo. Los últimos coletazos de la dinastía Přemyslita fueron sangrientos, incluso si los consideramos desde el punto de vista propio de la época. A pesar de las encarnizadas luchas por el trono, Praga continuó prosperando en el plano económico. Para poner fin a esta situación, la nobleza —al límite de su paciencia y ciertamente influenciada por aquellos mercaderes a los que inquietaba más que nada la falta de estabilidad— ofreció el trono a **Juan de Luxemburgo.**

No fue el suyo un reinado muy brillante; para él Europa era un continuo torneo. Este Quijote francófilo, ciego ya en su vejez, resultó muerto en combate contra los ingleses en Crécy. Su hijo, Venceslao (que decidió cambiar su nombre por el de Carlos) reinó en lo que se considera primera edad de oro de Praga.

## La edad de oro de Praga

El rey **Carlos I** (emperador del Sacro Imperio Romano, a partir de 1355, con el nombre de Carlos IV), hizo de Praga la capital imperial y la convirtió en una de las ciudades más importantes de Europa.

*Estatua de San Venceslao, que reinó en Praga del año 921 al 935, año en que su hermano ordenó que le asesinaran.*

# PRESENTACIÓN

Carlos introdujo también el gótico en Praga. Bajo su reinado se fundó la universidad, hizo construir el puente que lleva su nombre, la Catedral de San Vito, monasterios, iglesias y la Ciudad Nueva (Nové Město) a fin de dar cabida a la oleada de estudiantes, clérigos, artistas y mercaderes recién llegados. Bajo su reinado, la lengua y la cultura checas florecieron y Praga vio elevado su rango al de arzobispado. Praga era por aquel entonces la más grande y bella ciudad de Europa central.

Pero a las épocas doradas les siguen a menudo períodos sombríos. **Venceslao IV** no heredó el talento diplomático de su padre. Hay que decir, en honor a la justicia, que habría hecho falta un rey excepcional para guiar las riendas del poder a través de los problemas religiosos, auténticos escollos que marcarían un comienzo del s. XV muy agitado. Estos problemas tocarían a su fin siglo y medio más tarde, con la Reforma, movimiento que dividiría a Europa profundamente.

## Las sublevaciones religiosas

En Bohemia, las diferencias de religión se veían agravadas por las viejas rivalidades entre las poblaciones checa y germánica, así como por las tensiones en el seno del sistema feudal. Sorprendentemente, los nacionalistas abogaron por la figura emblemática de **Jan Hus,** primer rector checo de la Universidad de Praga (Carolinum), que había sido ejecutado públicamente en la hoguera tras su denuncia de los excesos de la Iglesia. Inmediatamente después, en el curso de las revueltas que se produjeron, tuvieron lugar las primeras defenestraciones de Praga: los partidarios de Hus precipitaron desde las altas ventanas del Ayuntamiento de Nové Město a tres consejeros católicos y a siete notables de la ciudad.

Los problemas políticos y religiosos persistirían a lo largo de un siglo, hasta la ascensión al

*Palacio Real: Escudos de armas de los funcionarios que trabajaron de los siglos XVI al XVIII en los nuevos Registros Provinciales.*

# UNA HISTORIA DE LEYENDA

11

## PRESENTACIÓN

trono (1526) del primer miembro de **los Habsburgo**. Monarcas católicos en un país donde florecían el nacionalismo y el espíritu protestante, los Habsburgo consolidaron su posición contra toda expectativa. El reinado del tercer emperador, **Rodolfo II** (1576-1611), vería el auge de Praga en su segunda edad de oro.

La nobleza y la burguesía de la ciudad ofrecieron a Rodolfo saldar sus deudas y reconstruir el castillo si abandonaba la idea de fijar la corte imperial en Viena (entonces amenazada por los turcos) en favor de Praga. Así, Praga se convirtió de nuevo en capital imperial.

*Escena representada en un antiguo manuscrito miniado.*

## UNA HISTORIA DE LEYENDA

### Una capital imperial

Rodolfo, mecenas del arte, atrajo a la capital a pintores, escultores, astrónomos y alquimistas. La actividad creativa se hizo febril en esta fantástica ciudad.

Pero la tormenta que sucedió a la calma dorada de Praga trajo nubarrones aún más negros que los de la crisis precedente. A partir de 1618 la **Guerra de los Treinta Años** asolaría Europa Central. Durante ese mismo año tuvo lugar la segunda Defenestración de Praga: dos gobernadores de Bohemia y su secretario fueron arrojados a los fosos del castillo, con ellos, se tiraba por la borda la razón y la tolerancia. Se destituyó al emperador Fernando, y el elector del Palatinado Renano, calvinista, fue proclamado rey de Bohemia. El triunfo de la causa protestante no sería duradero, pues el nuevo rey se vio obligado a huir de Praga tras la desastrosa derrota de la Montaña Blanca (Bila Hora), en 1620. Los vencedores se entregaron con ferocidad a la conversión de la ciudad. Durante el aniversario de la victoria, se ejecutó a 27 jefes protestantes, se colgó a tres hombres del pueblo y se condenó al exilio a 150.000 protestantes. Un aspecto positivo de este período de desdichas fue la llegada del barroco a través de los Jesuitas, responsables de la **Contrarreforma**; arquitectos italianos, ayudados por sus alumnos, edificaron palacios, iglesias y conventos por toda la ciudad.

En el s. XVIII Praga se había convertido en una pacífica ciudad de provincias. Pacífica si exceptuamos los ataques de los ejércitos bávaro, sajón y francés durante la **Guerra de Sucesión de Austria** (1740-1748), o de los prusianos durante la **Guerra de los Siete Años.** En esta época Praga no ejercía más que el papel de un peón de ese ajedrez diplomático que era Europa. De la independencia de Bohemia se había perdido todo rastro, la lengua checa estaba prohibida y el centro del poder político se había transferido de forma estable a la ciudad de Viena.

## PRESENTACIÓN

### El resurgimiento checo

A comienzos del s. XIX aparecieron los primeros signos de renacer nacional. Tres generaciones de escritores, historiadores y filólogos se entregaron a la tarea de codificar la lengua checa: el visitante puede contemplar en la actualidad los monumentos en memoria de Dobrovský, Jungmann, Machá y Palacký, erigidos por la nación en reconocimiento a su labor. A medida que declinaba el imperio de los Habsburgo renacía la nación checa. El **príncipe de Metternich,** anciano canciller austríaco, veía cómo menguaba su autoridad mientras que la industrialización checa y el sentimiento nacional se iban reforzando. Hacia finales del siglo las aspiraciones checas hallarían nueva expresión a través de la música de Dvořák, de Smetana y —posteriormente— de Janáček. También se haría concesiones a los checos en lo relativo a su idioma, aunque el alemán siguiera siendo la lengua oficial. El 28 de octubre de 1918 se proclamó la República de Checoslovaquia, que tuvo como primer presidente a **Tomáš Masaryk.** Praga se convirtió en la capital natural del nuevo Estado, y vivió un período de fructífera independencia que duraría veinte años. Fue una época de intensa creatividad: La ciudad era un imán para los movimientos de vanguardia, sus cafés acogían una animada sociedad de artistas, escritores, arquitectos y músicos.

Pero a la luz del día le sucede la oscuridad de la noche; esta vez fue una negra y larga noche, poblada de pesadillas: el Pacto de Munich, el protectorado bajo el Reich, la Segunda Guerra Mundial, las matanzas realizadas por Heydrich «el carnicero», el holocausto, y —después de los nazis— ... el Ejército Rojo. Bajo el mandato de Stalin, Praga durmió un sueño agitado tras sus postigos cerrados a cal y canto. Después se produjo el despertar fallido de 1968 («el socialismo tiene rostro humano»), la denominada **Primavera de Praga,** que duraría lo justo para que las reformas y esperanzas que la acompañaron tomasen cuerpo,

# UNA HISTORIA DE LEYENDA

*Vista panorámica de Praga desde el castillo. En primer plano Malá Strana, la iglesia de San Nicolás y al fondo el río Moldava.*

y para ser aniquiladas inmediatamente por las fuerzas del Pacto de Varsovia. Vendrían a continuación veinte años sombríos de **«normalización».** Con el desmoronamiento del bloque comunista llegó el auténtico resurgimiento a través de la admirable, y pacífica, **Revolución de terciopelo** (1989). Aunque lamentemos la iniciativa eslovaca de separación, seguramente era inevitable. Ello supuso el nacimiento de la nueva **República Checa.** Praga, siempre tan hermosa, es como la princesa de un cuento de hadas ambientado en Bohemia que despierta y mira con sorpresa el mundo que la rodea. Pero Praga no se arredrará, y —siempre lo ha logrado— ocupará el lugar que le corresponde en el corazón de Europa.

## PRESENTACIÓN

### SU GENTE Y SU CULTURA
**«Todo checo lleva un músico dentro»**

De siempre, los checos han demostrado una especial sensibilidad musical. Desde la Edad Media han cantado a su identidad; ya en el s.XVI, la Iglesia y la aristocracia se encargaron de patrocinar la educación musical de su pueblo. Junto al desarrollo de la música culta se produce una revitalización de los cantos populares, y en el s. XIX la música se convierte en vehículo del «despertar» nacional. Dan testimonio de ello la fundación de una Societad de Intérpretes, la creación del Conservatorio de Praga – el primero

*En la ciudad encontramos ejemplos magníficos del art nouveau, como este vestíbulo.*

16

## SU GENTE Y SU CULTURA

*La Asamblea Federal eligió a Václav Havel como presidente por unanimidad el 29 de diciembre de 1989, después de la Revolución de Terciopelo.*

de Europa –, la organización de conciertos públicos para la promoción de jóvenes talentos o la construcción del Teatro Nacional.

Praga siempre ha ejercido atracción sobre los músicos de otros países – como Mozart, al que se brindó una acogida triunfal cuando Viena le ignoraba –, y éstos han contribuido al enriquecimiento cultural de la ciudad. Por su parte, los músicos checos han sabido conjugar la influencia exterior con su sentimiento de identidad nacional. Praga rinde homenaje a los hijos de la patria checa, como constatamos en los museos de Dvořák y Smetana (*véase* **Museos y galerías**) y sigue haciendo gala de su dedicación a la música mediante la organización de festivales prestigiosos y la variedad de conciertos que se ofrecen durante todo el año.

# PRESENTACIÓN

## Grandes compositores checos

**Bedřich Smetana** (1824-1884) era de Bohemia oriental. Después de haber estudiado música en Praga, se dedicó a la enseñanza, para después ser durante algún tiempo director de orquesta y profesor en la ciudad sueca de Göteborg. Bedřich Smetana compuso numerosos poemas sinfónicos, así como la ópera nacional checa: *La novia vendida,* y otras tres óperas antes de verse aquejado repentinamente de sordera en 1874. Esta circunstancia no le impidió escribir *Mi patria,* un ciclo de seis poemas sinfónicos, de los cuales sin duda el fragmento más célebre es el *Moldava (Vltava).*

**Anton Dvořák** (1841-1904) era de un pueblo próximo a Praga. Tras dedicar tres años al estudio en la academia de órgano de Praga, empezó a tocar la viola en la orquesta de la ópera y compuso sus primeras obras. Después fue nombrado director del Conservatorio Nacional de Música de Nueva York entre 1892 y 1895, lugar donde encontró la inspiración para su magistral *Sinfonía del Nuevo Mundo.* Su *Concierto para violoncelo* y la ópera *Rusalka* (nombre de una ninfa), además de sus composiciones de música sacra, el *Te Deum* y el *Stabat Mater,* son apreciados en el mundo entero.

**Leoš Janáček** (1854-1928) nació en Moravia. Estudió en la academia de órgano de Praga y posteriormente ocupó el puesto de profesor del conservatorio. Las obras más conocidas de Janáček son sus óperas *Jenufa, El caso Makropoulos,* y *La zorrita astuta.*

**Bohuslav Martinů** (1890-1959) cursó primeramente estudios en Praga, y después en París, donde vivió hasta que estalló la guerra. Más tarde se afincaría en los Estados Unidos, en Francia y en Suiza, país donde murió. Martinů combinó en sus composiciones la música

## SU GENTE Y SU CULTURA

*Un manto de nieve recubre el Museo Dvořák.*

moderna y las melodías populares checas. Compuso numerosas óperas: *El Soldado y la bailarina*, *Mirandolina*, *Ariane*, música sinfónica, música de cámara y obras de ballet.

**PRESENTACIÓN**

## Escritores checos

Sin lugar a dudas, el escritor más importante que ha vivido en Praga y ha escrito sobre ella es **Franz Kafka** (1883-1924). Arquetipo de la riqueza cultural y lingüística de la Praga de antaño, Kafka era un judío que leía el checo, pero escribía en alemán. Sus novelas y cuentos, sombríos e impregnados de paranoia, no constituyen materia de fácil lectura. En su obra Praga aparece continuamente, como un personaje más.

Svejk es un héroe sosegado, con los pies en la tierra, protagonista de la novela cómica de **Jaroslav Hašek** (1883-1923). Muchos checos consideran que *Las aventuras del valeroso soldado Švejk* refleja como ninguna otra obra determinadas características nacionales. El comportamiento obtuso de este buen soldado lleva

*El valeroso soldado Švejk, personaje creado por Jaroslav Hašek.*

## ESCRITORES CHECOS

*Frente al lugar en que estuvo situada su casa natal (calle Kaprová), encontramos esta placa dedicada a la memoria de Franz Kafka.*

a sus superiores —del ejército imperial austro-húngaro— a tomarle por un tonto de remate. Pero, ¿lo es realmente? Lo cierto es que Švejk desobedece órdenes, escurre el bulto ante determinadas tareas, se lo pasa en grande y hace jugarretas a las autoridades, y todo ello con absoluta impunidad. Milan Kundera, escritor checo contemporáneo, cuenta que en una ocasión el primer secretario del Partido Comunista, Gustav Husák, tuvo que anular un discurso que iba a pronunciar ante un grupo de estudiantes ya que éstos no cesaban de gritar al unísono: «¡Viva el Partido comunista!, ¡viva Husák!». Como sólo Švejk lo haría.

A **Karel Čapek** (1890-1938) debemos la palabra «robot», que aparece en su obra de ciencia ficción, de marcado carácter satírico, como demuestra *la lectura de la fábula del absoluto*.

**Milan Kundera** (1929), afincado en Francia, deja entrever otro aspecto de la personalidad checa. *La insoportable levedad del ser* es una novela escrita magistralmente: tan pronto conmovedora como filosófica, erótica como intelectual; en ella el autor demuestra estar dotado de un original sentido de la percepción. *El libro de la risa y el olvido* es, en parte, autobiográfico.

**Ivan Klíma** (1931) nos ofrece una cara más amable de la tradición judía de Praga; este autor afronta incluso sus peores pesadillas con un humor desengañado. Le recomendamos *Amor y basura*.

A **Václav Havel** (1936) se le conoce en literatura por su obra dramática, orientada hacia el absurdo, como *Zahradní slavnost (La fiesta)*. También es autor de ensayos que se preocupan del individuo enfrentado a un poder corrupto.
*(Véase también la sección **Libros**, p. 117)*

21

# DESCUBRIR PRAGA

**VISITAS IMPRESCINDIBLES**
Son tantas las joyas arquitectónicas que encierra la ciudad de Praga que resulta arduo elaborar una lista de los lugares que merecen una visita por su belleza.

**Karlův most★★★** (puente Carlos) – Este puente medieval, guardado por una torre en cada extremo, se engalanó en época barroca con dos hileras de estatuas. Su paso sobre el Moldava une la Ciudad Vieja con Malá Strana. Desde él se disfruta de una espléndida perspectiva de la ciudad.

**Sv. Mikuláše★★★** (iglesia de San Nicolás) – En el centro de la plaza de Malá Strana se alza esta impresionante iglesia, obra maestra de la arquitectura religiosa del barroco tardío.

**Pražsky Hrad★★★** (castillo de Praga) – Corazón espiritual y político de la nación checa, este castillo, encaramado en lo alto de una peña, constituye una auténtica ciudad dentro de la ciudad. En él todas las épocas han dejado huella. Destacan sus patios, sus jardines reales, sus palacios, su convento… y, claro está, **Svatý Vit★★★** (la catedral de San Vito), que custodia las joyas de la corona.

**Staroměstské Náměsti★★★** (plaza de la Ciudad Viaja) – De los edificios históricos que rodean esta plaza asfaltada destacan las dos iglesias junto con la torre elevada del ayuntamiento. En su día era el punto más animado de la capital. Actualmente quienes la invaden son turistas. Por la noche se convierte en un immenso escenario teatral, gracias a su magnífica iluminación.

**Václavské Náměsti★★★** (plaza Venceslao) – Esta plaza alargada (750 m de longitud) conduce a la estuatua del santo patrón de la ciudad, erigida delante del impresionante Museo Nacional. Ha sido testigo de todas las revoluciones acaecidas en la ciudad desde 1848. Está jalonada de tiendas y edificios en los que se aprecia la diversidad del arte checo a finales del s. XIX y principios del XX.

**Staranová synagóga★★★** (Sinagoga Vieja-Nueva) – Cuenta entre los edificios góticos más antiguos de Bohemia. Tanto su origen como el significado de su nombre son objeto de leyendas. Es la única sinagoga de Josefov en la que aún se rinde culto. No muy lejos se encuentra el **Starý židovský hřibitov★★★** (antiguo cementerio judio).

**Strahovský klázter★★** (Monasterio Strahov) – construido en 1140 en lo alto de la agreste colina de Petřin, el monasterio cuenta con dos torres gemelas que dominan el paisaje urbano. Foco cultural desde su fundación, su biblioteca y su pinacoteca guardan auténticos tesoros.

## VISITAS IMPRESCINDIBLES

*La Casa Municipal, espléndido ejemplo del art nouveau de la ciudad.*

# DESCUBRIR PRAGA

## EL CAMINO REAL

*Desde la estación de metro Náměstí Republiky hasta llegar al Castillo de Praga.*

Conocido también como **ruta de la coronación**★★★, este paseo le permitirá ver gran número de monumentos históricos que cuentan entre los más interesantes de Praga. Está jalonado por tantos puntos de interés que realizarlo le llevará fácilmente medio día, o —lo que es más probable— el día entero.

El paseo comienza en lo que fuera lugar de residencia de los reyes de Bohemia en el s. XV; elegimos este extremo como punto de partida a fin de que pueda sentir la ciudad de forma más viva que si iniciara el recorrido desde el Castillo de Praga. En la actualidad, la **Casa Municipal**★★ (Obecní dům) ocupa el antiguo emplazamiento del palacio [DXN²], en la Plaza de la República (Náměstí Republiky).

De la enorme construcción medieval no queda más que el nombre de una calle: calle de la Corte Real (Královdorská). Al salir de la estación de metro **Náměstí Republiky**, la Casa Municipal es el gran edificio ricamente decorado que se encuentra en el lado Oeste de la plaza. Este edificio fue construido entre los años 1905 y 1911 en el estilo *art nouveau* y se convirtió en uno de los centros de la vida cultural y social de Praga. La sala Smetana ha sido lugar de celebración de conciertos y bailes. Por su parte, generaciones de hombres y mujeres han pasado por los otros salones (más pequeños) del edificio, donde han recibido clases de baile. En el **Primátorský Salónek** (Salón del Alcalde) se hallan los cuadros alegóricos de Alfons Mucha.

Antiguamente, las procesiones de coronación entraban en la Staré Město por la **Torre Polvorín**★ (Prašná brána), una construcción medieval. En su origen era la puerta medieval de la ciudad, construida en 1470 en sustitución de otra puerta más antigua. Dado que se encontraba en las proximidades del Palacio Real, su creador

*Un guiño en la historia de la Torre Polvorín: esta figurilla fue añadida en 1875, durante los trabajos de restauración.*

# EL CAMINO REAL

(el arquitecto Benedikt Ried) hizo decorar la puerta con profusión. La torre fue denominada polvorín porque, en el s. XVII, servía de almacén de pólvora de cañón. Imperturbable, se alza a la izquierda de la Casa Municipal. Hay que atravesarla para tomar la calle U Prašné brány, que más adelante toma el nombre de calle **Celetná**** [CX]. Pero antes de coger ésta, gire hacia la izquierda para contemplar el enorme **mercado de frutas** (Ovocny trh), situado delante del **Teatro de los Estados** (Stavovské divadlo), elegido por Mozart para el estreno de su ópera *Don Giovanni* [CX T³].

Retome Celetná (su nombre proviene de la palabra «calta», tipo de panecillo confeccionado por los panaderos instalados antaño en esta

*La Virgen María preside el hastial de la iglesia de Týn.*

## DESCUBRIR PRAGA

calle). A su izquierda, en la esquina de Celetná con Ovocny trh, podrá ver la casa cubista más célebre de Praga: la **Casa de la Virgen negra**★ (U Černé Matky Boží) [CX E]. La estatua medieval situada en la esquina ha dado a la casa su nombre.

Deténgase ante el **Palacio Manhart** y su teatro, en el lado derecho de la calle, rodeado de otros edificios de estilo barroco. Un poco más adelante, el **Palacio Caretto-Millesimo,** azul y blanco, antigua sede del Instituto del Marxismo-Leninismo; hoy en día forma parte de la universidad. A la izquierda, casi a nivel de la Staroměstské náměstí (Plaza de la Ciudad Vieja), se encuentra la **Casa Sixt,** y al lado un edificio neo-renacentista alberga algunas obras de uno de los más célebres pintores checos, Mikoláš Aleš; en ellas vemos a San Venceslao a caballo y los Reyes Magos.

El recorrido desemboca en **Staroměstské náměstí** ★★★ [CX], la Plaza de la Ciudad Vieja, que durante sus mil años de historia ha sido testigo de celebraciones, cortejos reales, ejecuciones, hogueras etc. En la Edad Media, ésta era la plaza del mercado central, y en ella se encontraban la iglesia principal de la ciudad, la **iglesia de Týn,** o **iglesia de Nuestra Señora de Týn**★ (Kostel Panny Marie před Týnem) y la oficina de arbitrios (*Ungelt*), pintoresco patio de gran tamaño con arquería renacentista, situado en la parte posterior de la iglesia. Sus pináculos irregulares confieren a esta iglesia un aspecto un tanto tétrico. La construcción de este magnífico edificio comenzó durante la segunda mitad del s. XIV, en el mismo lugar en el que siglos antes se alzaba una capilla frecuentada por los mercaderes que acudían a vender sus productos. La iglesia gótica, con sus característicos pináculos, fue terminada mucho más tarde, en el s. XV, reinando el husita Jorge de Poděbrady. Sobre la fachada principal se colocó una estatua del rey sujetando en su mano un cáliz de oro, emblema de los husitas;

*Por la noche, como en una representación, los focos illuminan el centro de la Ciudad Antigua : La vida es teatro en Praga.*

# EL CAMINO REAL

*¡Paso al rococó! El Palacio Golz-Kinský, en la Plaza de la Ciudad Vieja.*

tras la derrota en la Batalla de la Montaña Blanca se hizo fundir la efigie para crear la actual estatua de la Virgen, mientras que el oro del cáliz se utilizó para su aureola. Para entrar en la iglesia por el lado Este de la plaza, atraviese los edificios de lo que fue antaño la **Escuela Týn**.

Al otro lado de la estrecha calle Týnská, en el flanco izquierdo de la iglesia, encontramos la **Casa de la Campana de Piedra**★ (Dům u kamenného zvonu); recientemente restaurada, es la casa íntegramente gótica más antigua de la ciudad. Más adelante, la fachada rosa y blanca del **Palacio Golz-Kinský**´★ (palác Golz-Kinský ch), de estilo barroco tardío (rococó), recoge las colecciones temporales de la Galería Nacional.

# DESCUBRIR PRAGA

En febrero de 1948, Klement Gottwald, que sería el primer presidente comunista de Checoslovaquia, se dirigió desde el balcón del palacio al pueblo de Praga para anunciar lo que calificó de «victoria de la clase obrera».

En el centro de la plaza se alza el **monumento**★ erigido a la memoria del maestro Jan Hus, obra de Ladislav Šaloun. Fue inaugurado en 1915 en conmemoración del quinto centenario de la muerte en la hoguera de este reformador.

Otro edificio de la plaza digno de mención es el **Ayuntamiento de la Ciudad Vieja**★ (Staroměstská radnice). Desde lo alto de la torre se puede admirar una bella vista de la ciudad. El **reloj astronómico**★★ (s. XV), además de indicar la hora, es un calendario astronómico. Consta de cuatro figuras mecánicas que se ponen en movimiento cada hora: un turco con su mandolina, un hombre rico con su bolsa de dinero y la Vanidad con su espejo. Los tres sacuden la cabeza para decir «no» a la cuarta figura, la Muerte, quien responde que «sí» y abre la boca para llevárselos de este mundo.

*«La verdad vencerá», así lo afirma la inscripción sobre el monumento dedicado a Jan Hus en la Plaza de la Ciudad Vieja.*

# EL CAMINO REAL

Al tiempo que esto sucede, Jesús y los doce apóstoles desfilan por dos pequeñas ventanas situadas sobre el reloj. Al terminar el espectáculo, canta un gallo. La parte inferior del reloj es un calendario perpetuo con doce estadios que representan los meses del año y los doce signos del zodíaco. Al igual que ocurre con otros muchos monumentos de Praga, el reloj tiene su leyenda. Se cuenta que cuando el artesano relojero, el maestro Hanuš, hubo terminado su obra, los concejales de la ciudad le dejaron ciego con ayuda de un atizador al rojo, de modo que ninguna otra ciudad pudiera tener un reloj parecido. Hoy en día, son otras las ocupaciones a que se entregan los funcionarios que trabajan tras la ventana renacentista de la primera planta de este edificio, y de carácter más lúdico. Hablamos de las elegantes bodas que se celebran en la Sala Nupcial. Hay que resaltar la casa decorada con pinturas renacentistas esgrafiadas en blanco y negro; se llama **Casa del Minuto** (Dům U minuty) y forma parte del Ayuntamiento.

*La parte inferior del reloj astronómico (Ayuntamiento de la Ciudad Vieja), en vez de las horas, indica en sus giros los días y meses del año, así como el signo del zodiaco.*

# DESCUBRIR PRAGA

*La Casa del Minuto pertenece al Ayuntamiento y se reconoce fácilmente gracias a sus pinturas esgrafiadas.*

Para salir de la plaza, pase delante del Ayuntamiento y entre en la **Malé náměstí** (Plaza Pequeña) [CX 86], con su pozo al que adorna una rejilla de hierro forjado, su antigua farmacia y la famosa quincallería U Rotta, convertida recientemente en tienda.

*Palacio Clam-Gallas: Parece que las espléndidas estatuas de Matthias Braun sostuviesen el peso de los archivos que custodia el edificio.*

# EL CAMINO REAL

Nada más pasar las tiendas Mappin y Webb, gire a la derecha y coja la Karlova ulice (calle Carlos) que conduce al **Puente Carlos**★★★ (Karlův most). Mientras la recorre, observe el **Palacio Clam-Gallas**★ (Clam-Gallasův palác) [CX C], en la esquina de la calle Husova, decorado con dos estatuas barrocas de Matthias Braun y donde se guardan los archivos de Praga. Más adelante, a mano derecha, se alza **la Casa del Pozo de Oro** (U zlaté studně): Cuenta la leyenda que en la profundidad del pozo que alberga esta casa hay algo que relumbra; ¿acaso es un tesoro? Hace mucho hubo una criada deseosa de conocer la respuesta, su ansia la llevó a caer al pozo, donde murió ahogada. Hoy día recorre aún las calles de Praga en compañía de otros fantasmas.

En el lado derecho de la calle Karlova, entre las calles Seminářská y Křížovnická, se alza el

*Durante el día los visitantes parecen darse cita en el puente Carlos, donde quedan absortos ante la panorámica de la ciudad. Por la noche son las estatuas las que parecen observar a quien lo atraviesa.*

*31*

# DESCUBRIR PRAGA

*La Sala de los Espejos, en el Clementinum, ¡qué mejor sitio para celebrar conciertos!*

inmenso complejo de edificios barrocos que forman la universidad jesuita, el **Clementinum.** Hoy en día aloja la **Biblioteca Nacional** y la Biblioteca Técnica. En la **Sala de los Espejos**★ (Zrcadlová síň) se celebran conciertos.

Antes de cruzar el **Puente Carlos**★★★, no pase por alto la pequeña, pero hermosa, **Plaza de los Cruzados**★★ (Křížovnické náměstí), con la **iglesia del Salvador**★ (Kostel sv. Salvátora) frente al puente, y la **iglesia de San Francisco**★★ (Kostel sv. Františka Serafinského), coronada por una cúpula, en la parte derecha.

Una estatua de Carlos IV se alza en el centro de la plaza. En el lateral izquierdo podemos ver el

## EL CAMINO REAL

edificio de los antiguos baños públicos (Karlovy lázně), ocupado actualmente por unas galerías comerciales denominadas **Salomon,** con tiendas de regalos y cafés.

Para acceder al puente, atraviese la **Torre del Puente de la Ciudad Vieja★★** (Staroměstká mostecká věž). Su arquitecto fue el mismo que el del puente **Petr Parléř**. La fachada de la torre la adornan las estatuas medievales de Carlos IV, de su hijo Venceslao IV y de tres santos.
La torre servía antaño de prisión. En los muros del interior aún se pueden ver *graffiti* realizados por los prisioneros.

*La Torre del Puente, en la ribera de la ciudad vieja, constituye un magnífico ejemplo de la arquitectura gótica.*

*33*

# DESCUBRIR PRAGA

## *Las estatuas del Puente Carlos*

Algunas son grandes obras, otras no tanto, y de entre las más bellas, muchas son copias cuyos originales se encuentran en el Lapidarium. No obstante, resulta interesante identificarlas. Comencemos desde la margen de Staré Mèsto, mirando al castillo, que se encuentra en la orilla opuesta. Atravesamos la magnífica Torre del Puente. La primera escultura que encontramos a la izquierda representa a San Iván (1), santo patrón de los abogados. De frente se encuentra la Virgen (2), con San Bernardo de rodillas y unos querubines irreverentes, además de un gallo y otros símbolos de la Pasión de Cristo. El conjunto (3) representa a Santa Bárbara (cuyas hermosas manos fascinaron tanto a Kafka) en compañía de Santa Margarita y Santa Isabel. Nos encontramos de nuevo con la Virgen en el número (4), esta vez en compañía más circunspecta: los teólogos Santo Tomás de Aquino y Santo Domingo. Después tenemos una Piedad en el número (5). El (6) muestra una Crucifixión; ocupa el lugar donde se hallaba una simple cruz, única decoración del

*Un bello atardecer sobre el Puente Carlos.*

puente original durante doscientos años. La figura (7) representa a San José, y la figura (8) al Niño Dios, con María y su madre, Santa Ana. Con el número (9) se señala al misionero jesuita San Francisco Javier, rodeado de conversos. El grupo (10) reúne a San Cirilo y San Metodio, quienes se encargaron de cristianizar a los eslavos. El número (11) lo ocupa San Cristóbal, el (12) San Juan Bautista, y el (13) San Francisco de Borja. Los santos Venceslao, Norberto y Segismundo (14) no ofrecen tanto interés como la cruz conmemorativa de bronce situada a su derecha; señala el lugar donde se ahogó a San Juan

## LAS ESTATUAS DEL PUENTE CARLOS

Nepomuceno arrojándole al río. En el número (15) se encuentra Santa Ludmila con San Venceslao el Joven. San Juan Nepomuceno está representado en el (16), y después vienen San Francisco de Asís (17) y San Antonio de Padua (18). En el número (19) aparecen juntos San Vicente Ferrer y el ermitaño San Prócopo, tras ellos el caballero Brunswick. San Judas Tadeo (20) sostiene la maza con la que fue golpeado; es el patrón de las personas que corren peligro, y no deberíamos menospreciar este dato, pues cuentan que en caso de que se apagara el farol de la casa situada detrás de la estatua de San Nicolás de Tolentino (21) mientras uno atraviesa el puente, la Muerte vendrá a buscarle ese mismo año. San Agustín (22) se encuentra frente al éxtasis de Santa Lutgarda (23); quizá sea una de las esculturas más bellas del puente. San Cayetano (24), San Adalberto (o Vojtěch) (25) y San Felipe Benzi (26) son representados de forma más austera que los fundadores de la orden de los Trinitarios (27). Las estatuas de San Vito (28), San Venceslao (29) y San Cosme y San Damián curando a los enfermos (39) adornan el extremo opuesto del puente, en la ribera de Malá Strana.

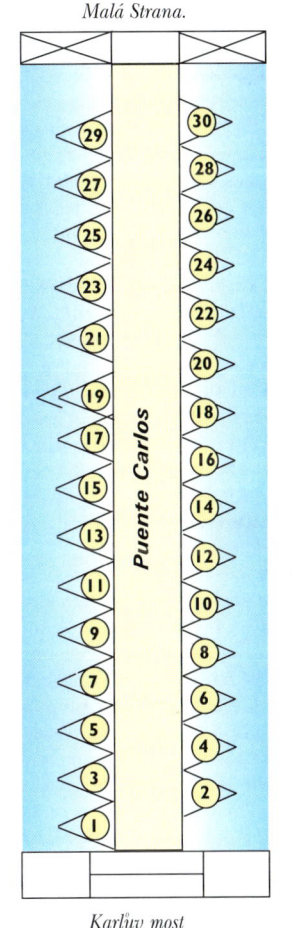

*Malá Strana.*

*Karlův most
Ciudad Vieja (Staré Město).*

35

# DESCUBRIR PRAGA

En otros tiempos dijo un poeta del Puente Carlos que era como «un anillo en el dedo de Praga». Algunos juran haber oído conversar a las estatuas entre si cuando los turistas se han marchado. El puente fue construido por el arquitecto Petr Parléř durante el reinado de Carlos IV, en el s. XIV, en sustitución de una construcción anterior, conocida como Puente Judith. Los constructores —afirma la leyenda— deseaban que el puente se mantuviese en pie muchísimos años, por ello pidieron a todos los pueblos de los alrededores que les enviaran una carreta de huevos, con la idea de mezclarlos con la argamasa del puente. Uno de los pueblos, por miedo a que la carga resultara dañada, les hizo llegar una carreta de huevos duros.

Una vez atravesado el puente, se impone dar un pequeño rodeo hacia el barrio de la **Isla Kampa**. La ruta real prosigue todo recto bajo la Torre del Puente, pero antes de continuar observe a la derecha los frescos de la **Casa de las Tres Avestruces** (U Tří Pštrosů), dése la vuelta para contemplar la bella vista que ofrecen las torres y campanarios de Staré Město.

En este punto nos encontramos ya en **Malá Strana★★★**, barrio pintoresco salpicado de palacios, jardines, y callejuelas. Siga por la calle Mostecká hasta llegar a **Malostranské náměsti★ [BX ]**. Uno de los monumentos más importantes de Malá Strana dividen esta plaza en dos partes: una más alta y otra parte baja; hablamos de la **iglesia de San Nicolás★★★** (Kostel sv. Mikuláše), con su cúpula de cobre cubierto de verdín, y el antiguo colegio de los jesuitas. La iglesia fue construida en la primera mitad del s. XVIII por **Christoph Diezenhofer** y su hijo **Kilian**, los arquitectos de mayor fama, y los más prolíficos, del barroco en Praga. El interior de la iglesia, donde Mozart tocó el órgano, es lugar de visita obligada. La riqueza de la decoración, todo en

*La cúpula verdosa de la iglesia de San Nicolás (70 m) destaca en el paisaje de Malá Strana.*

# EL CAMINO REAL

# DESCUBRIR PRAGA

movimiento, es un auténtico regalo para la vista. No deje de admirar el fresco *Celebración de la Santa Trinidad* (obra de Palko) en el interior de la bóveda de la cúpula, así como la magnífica *Apoteosis de San Nicolás* (Kracker), la pintura más famosa de Praga.

En la parte baja de la plaza se encuentra el antiguo **Ayuntamiento**, además del **Palacio Kaiserstein**, donde residió la cantante de ópera Emmy Destinn de 1908 a 1914. En la parte alta de la plaza, delante de la iglesia, encontramos el

*La Celebración de la Santa Trinidad (de Palko) hace que todos giren la cabeza.*

*38*

# EL CAMINO REAL

**Palacio Liechtenstein**, anteriormente sede de la Escuela de Ciencias Políticas del Comité Central del Partido Comunista. El edificio pertenece en la actualidad a la Academia de Música, y a menudo se dan en él conciertos.

El Camino Real conduce colina arriba hasta el castillo. Coja la **calle Nerudova**★★ [BX], animada calle dedicada al escritor checo **Jan Neruda**. Este autor describió el ambiente y los personajes del barrio en sus *Cuentos de Malá Strana*. Sus padres regentaban una tienda en esta calle, y el escritor residía en la casa bautizada con el nombre **de los Dos Soles**. Un poco más adelante, fíjese en el

*Malá Strana, una atractiva maraña de callejuelas.*

## DESCUBRIR PRAGA

*Esculturas de Brokoff sostienen el balcón del Palacio Morzin: si está estudiando, no se olvide de tocarles los dedos de los pies.*

**Palacio Morzin,** con sus esculturas de Brokoff. Los dos moros que sostienen el balcón cuentan con el favor de los estudiantes de Praga, ya que se dice que sólo tocar los dedos de sus pies trae suerte en los exámenes.

Durante el ascenso, observe las enseñas de las casas. Antes de que la emperatriz María Teresa decretara la obligatoria numeración de las casas, sólo eran reconocibles por la enseña que las decoraba. Casas de esta calle que dan muestra de ello son la de los tres violines, la de la copa de oro y una con San Juan Nepomuceno. A la derecha encontraremos el **Palacio Thun-Hohenstein** (Thun-Hohenštejnský Palác), actual embajada de Italia. Gire en este punto a la derecha por la calle Ke Hradu, en dirección al Castillo de Praga, y disfrute de la espléndida panorámica sobre los tejados de esta bella ciudad.

# EL CASTILLO DE PRAGA Y HRADČANY

## EL CASTILLO DE PRAGA Y HRADČANY

*Desde la estación de tranvía Pohořelec hasta la estación de metro de Malostranská.*

Coja el tranvía nº 22 y bájese en la parada **Pohořelec** [AX]. Esta gran plaza debe su nombre (que significa «lugar quemado») a los terribles incendios que la destruyeron en 1420, 1541 y 1742 sucesivamente. En la parte alta, medio escondida detrás de las casas, se encuentra la puerta por la que se accede al **Monasterio Strahov**★★ (Strahovský Klášter).

Anselmo Lurago, uno de los más importantes arquitectos barrocos de Praga, diseñó la fachada. El monasterio fue fundado en el año 1140 por la orden de los Premonstratenses, conocida por sus trabajos científicos, a cuyas manos ha vuelto en la actualidad. La **Biblioteca de Strahov,** una de las más ricas de Praga, bien merece una visita (interesante **pinacoteca** en su interior; *véase p.92*). Desde los jardines del monasterio, en la falda de la colina Petřín, se disfruta de una magnífica panorámica de Praga y su castillo. Un paso cubierto da a la calle Loretánská, que descenderemos hasta Loretánské náměstí [AX 83]. Los dos lugares reciben su nombre en memoria del **Loreto**★★★, lugar de peregrinación construido por la familia Lobkowicz en los siglos XVII y XVIII para albergar una copia de la **Santa Casa**★, la casa de la Virgen María. Según la leyenda, los ángeles transportaron la casa desde Nazaret hasta un pequeño pueblecito italiano, llamado Loreto. En el s. XVII estuvo en boga construir copias de la Santa Casa; el edificio no sólo se compone de la «santa casa», sino que además alberga el **Tesoro de Nuestra Señora del Loreto**★★, que comprende numerosas obras de

*41*

# DESCUBRIR PRAGA

arte, custodias, cálices y otros objetos de la liturgia. La más célebre de estas piezas, el denominado «**Sol de Praga**» es una custodia de plata decorada con una incrustación de 6.222 diamantes; fue realizada en 1698, según el diseño de Fischer von Erlach, arquitecto vienés. La **torre de Nuestra Señora de Loreto** aloja un carillón de 27 campanas que toca cada hora una melodía en alabanza a la Virgen. En Loretánské náměstí, delante de la entrada principal de Nuestra Señora del Loreto, podemos contemplar la impresionante fachada, de estilo barroco primitivo, del **Palacio Černín**★ (Černínský palác). Desde que se instaurase la primera República de Checoslovaquia, en 1918, este palacio alberga el Ministerio de Asuntos Exteriores. Finalizada la Segunda Guerra Mundial, Jan Masaryk (hijo de T.G. Masaryk, primer presidente de Checoslovaquia) fue nombrado ministro de

*El Loreto: punto de peregrinaje desde el s. XVII.*

*Imponente, la fachada del Palacio Černín, proyectada por Francesco Caratti. Cuenta aproximadamente 150 m de largo.*

42

# EL CASTILLO DE PRAGA Y HRADČANY

# DESCUBRIR PRAGA

Asuntos Exteriores y fijó en el palacio su residencia oficial. A los pocos días del ascenso al poder de los comunistas, en febrero de 1948, se le encontró muerto en el patio al que daba la ventana de su cuarto de baño. Aún hoy en día se ignoran las circunstancias de su muerte.

Salga de Loretánské náměstí por la calle Černínská, e irá a parar a una de las calles más pintorescas del antiguo arrabal de **Hradčany**★★★, llamada Nový Svět (Nuevo Mundo). En el extremo de Nový Svět, pasado el Restaurante de la Pera de Oro (U zlaté hrušky), tuerza a la derecha y siga por la calle Kanovnická, con su iglesia barroca dedicada a San Juan Nepomuceno, hasta llegar a **Hradčanské náměstí**★★ [BX 37]. En la esquina de la calle Kanovnická y de Hradčanské náměstí se encuentra el **Palacio Martinic** (Martinický palác), de estilo renacentista, que en otros tiempos perteneciera a la familia de un gobernador «defenestrado». A su derecha, la fachada barroca del **Palacio Toscano** (Toskánský palác) ocupa la mayor parte del flanco occidental de la plaza [AX R¹]. Además, en

*Los magníficos grafitos de tonos marrones del Palacio Martinic cobraron nueva vida tras los trabajos de restauración de 1971.*

44

# EL CASTILLO DE PRAGA Y HRADČANY

*Elementos barrocos anteriores asoman en la fachada rococó del Palacio del Arzobispado, creada por Johann Wirch en 1764.*

un ángulo de la plaza, cerca de las escaleras Radnické, veremos la casita que antiguamente ocupaba el Ayuntamiento de Hradčany. En el mismo lado se encuentra el **Palacio Schwarzenberg**★ (Schwarzenberský palác), de estilo renacentista, con sus característicos esgrafiados, actual edificio del **Museo de Historia Militar.** Enfrente, cerca ya del Castillo de Praga, se encuentra el **Palacio del Arzobispado** (Arcibiskupský palác), de estilo barroco tardío o rococó. A su izquierda se disimula la entrada del **Palacio Sternberg**★★ (Šternberský palác) **[AX A]**, que acoge en la actualidad la **Galería Nacional**. Aquí descubrirá una colección de arte europeo muy interesante, aunque modesta. Antes de penetrar en el recinto del **Castillo de Praga**, puede tomar un refresco en el café Kajetánka, desde donde se obtiene una maravillosa vista de la ciudad.

*45*

## DESCUBRIR PRAGA

**El Castillo de Praga★★★** (Pražský Hrad)
La entrada principal del castillo está marcada por la *Batalla de Titanes*, obra escultórica (1769) de Ignaz Platzer, y por los soldados de la guardia del castillo, vestidos con uniformes creados en 1990 por Teodoro Pištik, diseñador de vestuario y decorados teatrales. El relevo de la guardia tiene lugar cada mediodía. Se accede al castillo por el **primer patio,** añadido por la emperatriz María Teresa.

*Cita de cualquier visitante de Praga: el cambio de guardia delante del Castillo de Praga.*

# EL CASTILLO DE PRAGA Y HRADČANY

*Acceda al Castillo de Praga sin temor de los titanes que vigilan su puerta; al fin y al cabo son copias de la obra original, de Ignaz Platzer.*

El primer patio se ve cortado por la antigua entrada del castillo, la **Puerta Matthias,** de estilo barroco, mandada construir en 1614 por el emperador del mismo nombre. Hay que atravesarlo para acceder al **segundo patio.** Una vez dentro, justo de frente, veremos la **iglesia del Santo Crucifijo,** de estilo neoclásico, en la que se custodia el **tesoro de San Vito,** inestimable colección de objetos religiosos.

Para acceder a los **jardines reales**★★ (Královská zahrada), vaya hacia el lateral izquierdo por detrás de la fuente, y salga del castillo por la puerta que conduce al Puente del Polvorín

47

# DESCUBRIR PRAGA

(Prašný most). Al lado de esta puerta se encuentra la **Galería del Castillo**, que conserva los cuadros intactos de la rica colección del emperador Rodolfo II.

Cerca del castillo, en los jardines reales, se alza el palacio de verano, llamado **Belvedere★★**. El primer Habsburgo en el trono checo, Fernando I, lo mandó edificar —en estilo renacentista italiano— para su esposa, la reina Ana. El arquitecto Paolo della Stella se entregó a su construcción desde 1538 a 1541, fecha en la que hubo de ser interrumpida a raíz de un incendio ocurrido en el castillo. La segunda planta del Belvedere es obra del arquitecto Bonifaz Wohlmut. En los jardines se encuentra la **Fuente Cantarina★** [BV Z'], obra en bronce (1564) de Tomáš Jaroš. Se dice que para poder oír a un tiempo el tañido de todas las campanas de Praga, basta escuchar el sonido del agua que cae en las pilas de la fuente. También en los jardines reales podemos ver una verdadera pista de tenis cubierta (Míčovna), construida entre 1567 y 1569 por Wohlmut y Aostalis, y decorada con grafitos que representan a las Ciencias, las Virtudes y los Elementos.

Se puede abandonar el segundo patio por el lado Oeste, atravesando una galería más pequeña, cerca de la puerta por la que se entró. Así llegamos a la **Sala Española** (Španělský sál), construida por orden del emperador Rodolfo II entre 1604 y 1606. A veces se celebran conciertos en ella con motivo de alguna celebración.

## La Catedral de San Vito★★★
(Katedrála sv. Vita)

De vuelta al segundo patio, recorremos el pasadizo que cruza las dependencias del Despacho Presidencial para entrar en el **tercer patio**. Ante nosotros se alzan las dos torres neogóticas de la **Catedral de San Vito** (Katedrála sv. Víta). Este lugar, en el que Carlos IV hizo

*¿No la oye? Es la Fontana Cantarina (1564), situada delante del Belvedere.*

# EL CASTILLO DE PRAGA Y HRADČANY

# DESCUBRIR PRAGA

*Fachada Sur de la espléndida Catedral de San Vito.*

construir su gran catedral en el s. XIV, estuvo ocupado primero por una rotonda románica y posteriormente por una basílica. El primer arquitecto, Matthieu d'Arras, comenzó el edificio inspirándose en el plano de la catedral de Narbona. Es su sucesor y discípulo, el genio Petr Parléř, originario de Schwäbisch-Gmünd y que contaba 23 años de edad, quien remató la obra con el coro gótico que vemos en la actualidad. A finales del siglo pasado y a comienzos de éste, la catedral fue terminada en estilo neogótico, y las

# EL CASTILLO DE PRAGA Y HRADČANY

dos torres Oeste del edificio fueron coronadas con sendos pináculos, maravillosa contribución al bello perfil que ofrece el conjunto del castillo.

Al entrar en la catedral, admire las vidrieras. La tercera vidriera de la izquierda es obra de Alfons Mucha; otras fueron creadas por pintores checos de renombre.

**La Capilla de San Venceslao** (Kaple sv. Václava), en el flanco derecho de la catedral, aloja la tumba del santo y una estatua que lo representa, obra de **Petr Parléř**. San Venceslao (Václáv) fue un príncipe muy devoto de la dinastía Přemyslita. Fue asesinado por orden de su hermano, Boleslav, bajo el pórtico de una iglesia en la ciudad de Stará Boleslav. Se cuenta

*A la izquierda: Le sorprenderán las hermosas vidrieras de la Catedral de San Vito.*

*Abajo: Estatua de Venceslao, en la capilla dedicada al santo (interior de la Catedral de San Vito).*

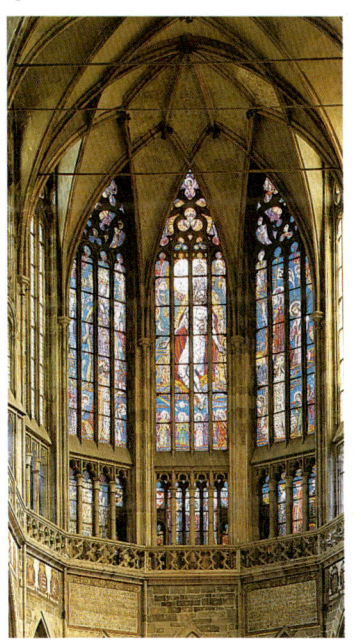

*51*

# DESCUBRIR PRAGA

que la aldaba de bronce que adorna la puerta de la capilla es a la que se asió en sus últimos instantes de vida. La capilla está decorada con piedras semipreciosas, entre las cuales figuran jaspes y amatistas.

Sobre la capilla de San Venceslao, una sala custodia las **joyas de la corona de Bohemia.** La cámara fuerte está protegida por una puerta de siete cerrojos, y siete personas que representan a las instituciones de mayor rango del país son los guardianes de las llaves: el presidente de la República, el alcalde de Praga, el arzobispo, etc. Todos y cada uno de ellos deben estar presentes cuando se realiza su apertura.

En el centro de la catedral se encuentra la tumba de mármol blanco del primer rey Habsburgo, Fernando I, con su esposa e hijo. A la derecha del altar principal se puede observar la tumba de **San Juan Nepomuceno,** labrada en plata y ricamente decorada, realizada al poco tiempo de su canonización en 1729. En la **cripta** reposan otros reyes checos, entre los cuales se encuentra el rey husita Jorge de Poděbrady, además de Carlos IV con sus cuatro esposas. Sus retratos —así como los de los artífices de la catedral y los arzobispos de Praga— se pueden ver en la galería superior o triforio.

Las capillas del coro constituyen la parte más antigua de la catedral, obra de Matthieu d'Arras. Antes de abandonar la catedral por la entrada principal, repare en el crucifijo de madera, de estilo *art nouveau*, situado en la parte neogótica del edificio. A la salida, gire a la izquierda y acérquese a ver la **estatua de San Jorge,** y después el **pórtico dorado** de la catedral. Frente a la fachada Sur de la catedral se encuentra el balcón desde el cual manda la tradición que los presidentes checoslovacos (ahora los checos) se dirijan al público después de ser elegidos.

# EL CASTILLO DE PRAGA Y HRADČANY

**El Palacio Real**★★ (Královsý palác) [BY]
La primera sala que se visita al entrar en el **Palacio Real** es la **Sala Vladislav** (Vladislavský sal), en la que se celebran las elecciones presidenciales. Esta amplia sala de bóvedas con nervaduras pertenece al gótico tardío, pero también posee elementos característicos

*La Dieta (parlamento medieval) servía también como Salón del Trono.*

# DESCUBRIR PRAGA

*La Basílica de San Jorge es el más bello ejemplo del románico en Praga.*

del estilo renacentista, como las ventanas. A nivel del subsuelo se encuentran las estancias del palacio real en sus estadios románico y gótico. La Sala Vladislav era utilizada para justas y torneos, y una «una escalera de caballeros» les permitía el acceso en su montura. Durante el reinado de Rodolfo II, en esta sala se celebraba un mercado de obras de arte. Después, en 1618, los nobles checos irrumpirían en la Cancillería contigua, desde donde arrojaron por la ventana a dos gobernadores y a un secretario, acontecimiento que se ha dado en llamar «la Segunda Defenestración de Praga».
Nadie resultó gravemente herido, lo que algunos atribuyen a la intervención divina, mientras que otros lo achacan a la presencia de un grueso lecho de paja bajo la ventana.

**La Basílica de San Jorge★★** (Bazilika sv. Jiří)
Saliendo del viejo Palacio Real, rodee el coro de la catedral para llegar a la plaza de San Jorge. Allí

54

# EL CASTILLO DE PRAGA Y HRADČANY

se alza otra iglesia del castillo, la **Basílica de San Jorge,** el edificio románico de Praga mejor conservado, y el más hermoso. Una portada de factura más reciente antecede al edificio de color ámbar que sustituyó a la iglesia primitiva de 935, después de que se produjera el incendio del castillo en 1142. En el interior destaca la tumba de la santa patrona de los checos, Sta. Ludmila, abuela de San Venceslao. Al lado se encuentra el **Convento benedictino de San Jorge** (Jiřský klástar), fundado en el año 973 por Mlada, hermana de Boleslav el Piadoso. Éste es el convento más antiguo de Bohemia. Reúne parte de las colecciones de la Galería Nacional: excepcionales lienzos y esculturas del arte checo de los periodos gótico y barroco (*véase p.91*).

Detrás del convento, la calle San Jorge (Jiřská) conduce, a través de un pasadizo, al **Callejón del Oro**★ (Zlatá Ulička). En torno a

*Estas casitas servían de vivienda a los guardas del castillo. A juzgar por la altura no sabemos si daban la talla...*

55

## DESCUBRIR PRAGA

esta calle de diminutas casas discurre gran número de leyendas, historias más bien siniestras, de alquimia y de magia negra. Su nombre se debe a los orfebres que antaño se establecieron en ella. También los guardas del castillo tuvieron allí sus viviendas, y el escaso metro de altura de los techos nos hace pensar que o bien su construcción no fue muy acertada o la estatura de los soldados dejaba mucho que desear. El callejón desemboca en la entrada de una de las torres del castillo, la **Torre Dalibor** (Daliborka), antigua cárcel cuyo nombre se debe a su primer prisionero: Dalibor. Era tanto lo que se aburría que pidió un violín a su carcelero y aprendió a tocarlo; hasta el día de su ejecución, la gente acudía para escuchar sus lánguidas melodías.

*A la derecha vemos el ala del Castillo de Praga, que acoge el Museo del Juguete.*

# MALÁ STRANA: LA CIUDAD PEQUEÑA

Antes de irse del castillo, puede visitar el **Museo del Juguete** alojado en las salas del palacio del Gran *Burgove*, o asistir a un concierto en el **Palacio Lobkowicz**, que alberga una exposición dedicada a la historia de Bohemia del s. IX al XIX. Baje por la **escalinata del castillo** (Staré zámecké schody) para llegar a la estación de metro Malostranská.

## MALÁ STRANA: LA CIUDAD PEQUEÑA

*Circuito con la estación de metro Malostranská como punto de partida y de llegada.*

**Malá Strana★★★ [BX]**, la «ciudad pequeña», es el más pintoresco de los barrios históricos de Praga. Talleres de artistas y embajadas ocupan en la actualidad los palacios de la antigua nobleza checa y extranjera, en un escenario inmortalizado en los cuentos de Jan Neruda. El paseo está jalonado por los numerosos palacios y jardines públicos que caracterizan esta parte de la ciudad.

El recorrido comienza en la estación de metro **Malostranská.** Para llegar aquí se puede hacer uso de las líneas nº 22, 18 ó 12 de tranvía. Cerca de la entrada a la estación se encuentra un jardín rodeado de muros, con un pequeño pilón y varias copias de estatuas barrocas. Si lo atraviesa, llegará a la calle Valdštejnská [BX 168]. El conde, y general, **Albrecht von Wallenstein** hizo demoler 23 casas, tres jardines y una fábrica de ladrillos para edificar en su lugar un descomunal y pomposo **palacio★★** (Valdštejnský palác), en el lado izquierdo de la calle. Wallenstein amasó su inmensa fortuna después de que fuera aplastada la revuelta contra el emperador, en 1620, pues había tomado partido por los Habsburgo frente a la nobleza checa. Hoy en día el Senado ocupa este palacio. De vez en cuando se organizaban

# DESCUBRIR PRAGA

conciertos en la **Gran Sala,** bajo la mirada amenazadora de Wallenstein, representado en una pintura del techo con los rasgos del dios Marte. Detrás del castillo se extiende un hermoso jardín de estilo renacentista, con una magnífica *loggia* a la cual se accede desde el otro extremo, por la calle Letenská. En él se celebran conciertos y se representan obras de teatro bajo la mirada de las estatuas barrocas, copias de las que fueron saqueadas por los soldados suecos en 1648, al final de la Guerra de los Treinta Años. En el antiguo **picadero** del Palacio Wallenstein, cerca de la entrada a la estación de metro Malostranská, la

*El techo de la Gran Sala del Palacio Wallenstein, unido a su representación a guisa de Marte, dan cuenta de las altas aspiraciones de este personaje.*

58

## MALÁ STRANA: LA CIUDAD PEQUEÑA

Galería Nacional organiza exposiciones temporales.

En el lado opuesto de la calle Valdštejnská, muchos palacios están ocupados actualmente por embajadas. Todos ellos disponen de hermosos jardines situados en la ladera meridional de la colina en la que se asienta el Castillo de Praga, pero no todos están abiertos al público.

No obstante, podrá visitar los **jardines de los palacios Palffy y Ledebour** (Palffyovská, Ledeburská zahrada), restaurados recientemente y abiertos de nuevo al público, gracias a la Fundación en favor del Patrimonio de Praga, iniciativa del presidente Václav Havel y el príncipe de Gales.

*Los hermosos jardines renacentistas del Palacio de Wallenstein le ofrecen un poco de sosiego.*

59

# DESCUBRIR PRAGA

Más adelante, en la calle Valdštejnská [BY 168], tomaremos a la derecha una callejuela que nos conduce a la Pětikostelní náměstí, una pequeña plaza; este nombre quiere decir «Plaza de las Cinco Iglesias», aunque no hay ninguna —se debe a que el auténtico origen es el apellido del propietario de una de las casas de la plaza, Fünfkirchen (en alemán: «cinco iglesias»).

Desde esta plaza, coja a la izquierda la calle Sněmovní [BX 134], llamada así por el edificio de la Cámara de los Diputados (Sněmovna). Cruce la calle Thunovská, donde se sitúa el **Palacio Thun** (Thunovský palác), actual sede de la embajada de Gran Bretaña.

Siga por la calle Sněmovní hasta Malostranské náměstí, y después todo recto por la calle Karmelitská [BX], surcada de tranvías. Prosiga hasta el **Lanovká**, funicular de 1891 que le evitará el esfuerzo de subir la colina de **Petřín**★. En la Edad Media sirvió de cantera de caliza para la construcción. Hacia el año 1360, Carlos IV mandó construir el **Muro del Hambre** (Hladová zed) con la finalidad de crear empleo. Pero las magníficas vistas que se disfrutan desde Petřín llevan a su acondicionamiento como jardín público en el s. XIX. A mitad del trayecto bájese en la parada de **Nebozízek**, donde encontrará un restaurante que lleva el mismo nombre. Aquí podrá almorzar al tiempo que se deleita en la contemplación de la panorámica.

En lo alto de la colina encontrará la **Rozhledna**, una torre Eiffel en miniatura. Desde la cumbre se obtiene una vista de 360° sobre Praga. La otra atracción es el **Bludiště** (laberinto de espejos). A continuación disfrute de la vegetación bajando por la colina a través del bosque. Después le recomendamos que coja la calle Vlašská [ABX], o sea, la calle italiana. En el Medioevo vivían aquí los artistas y artesanos de Praga. El centro de cultura italiano ocupa actualmente el antiguo hospital. Desembocará en la calle Tržiště [BX 147], donde sin duda le llamará la atención el **palacio**

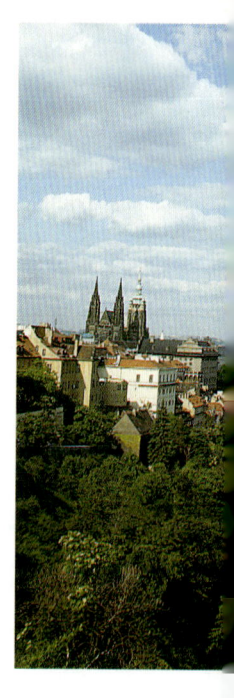

*Olvide el trasiego de la ciudad: Adéntrese en la frondosa colina Petřín y pasee por sus senderos jalonados de viñas.*

## MALÁ STRANA: LA CIUDAD PEQUEÑA

**Schönborn**, que ocupa el n° 15, actual sede de la embajada de los Estados Unidos.

Seguiremos a lo largo de la calle Karmelitská para detenernos a la derecha, ante la **iglesia de Nuestra Señora de las Victorias** (Kostel Panny Marie Vitèzné), de estilo barroco. Iglesia luterana en su origen, fue regalada a los carmelitas tras la Batalla de la Montaña Blanca, y se la bautizó así en conmemoración de la victoria católica. Restaurada en 1636, es probablemente la primera iglesia barroca de Praga. Se puede ver en su interior una estatua de cera a la que se atribuyen milagros, *El Niño Jesús de Praga*. Esta figura (que posee un guardarropa de lujo, renovado con regularidad) la trajo de España Polixena de

## DESCUBRIR PRAGA

Lobkowicz en 1555, quien la donó a la iglesia en 1628. Al salir de la iglesia, atravesaremos la calle Karmelitská y subiremos por la calle Harantova para llegar a la Plaza de Malta (Maltézské náměstí). A la derecha encontramos el **Palacio Nostitz*** (Nosticův palác) [BX N¹] que alberga una sala de conciertos y la embajada de los Países Bajos. A su izquierda se encuentra la embajada de Japón, en el **Palacio Turba,** de estilo rococó. Enfrente, por las ventanas abiertas del **Conservatorio de los Ciegos** se deja oír alguna

*Las torres se imponen sobre la fachada de la iglesia de Nuestra Señora de la Cadena.*

# MALÁ STRANA: LA CIUDAD PEQUEÑA

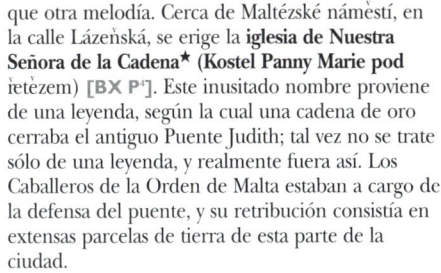

que otra melodía. Cerca de Maltézské náměstí, en la calle Lázeňská, se erige la **iglesia de Nuestra Señora de la Cadena★ (Kostel Panny Marie pod řetězem)** [BX P¹]. Este inusitado nombre proviene de una leyenda, según la cual una cadena de oro cerraba el antiguo Puente Judith; tal vez no se trate sólo de una leyenda, y realmente fuera así. Los Caballeros de la Orden de Malta estaban a cargo de la defensa del puente, y su retribución consistía en extensas parcelas de tierra de esta parte de la ciudad.

Cerca se encuentra la **Plaza del Gran Priorato** (Velkopřevorské náměstí) [BX 170], que debe su nombre al Palacio del Gran Priorato de Malta. Enfrente, al otro lado de la plaza, el **Palacio Buquoy** es sede de la embajada de Francia. Admiradores de John Lennon se dedicaron a pintar el muro del **Jardín de Malta**, por esta razón se le llama comúnmente «muro de John Lennon». En los tiempos del comunismo este muro amanecía a diario lleno de pintadas, que la policía se encargaba de tapar con pintura blanca. Para salir de la plaza, coja el puentecito que cruza la Čertovka (canal del diablo), desde donde se puede ver —a la izquierda— una antigua rueda de molino, y más adelante el Puente Carlos. Habrá llegado a la **Isla Kampa★**, y el callejón que forma la prolongación del puente va a parar a la plaza Na Kampě, donde en otros tiempos se encontraba un mercado de alfareros. También podrá pasear por el parque de Kampa, desde el que se ofrece una bella vista de Staré Město, al otro lado del Moldava.

Para finalizar el paseo por Malá Strana, salga de la Plaza Kampa y pase delante de la **Casa de las Tres Avestruces** para llegar a la calle U lužického semináře [BX 154], cuyo nombre se debe a un seminario que acogía a estudiantes procedentes de Lusacia, un enclave eslavo en Alemania.

Esta calle conduce a otros jardines, aún de la zona de Malá Strana: el **Parque Vojan** (Vojanovy sady). A pocos metros tenemos la estación de metro Malostranská.

*63*

# DESCUBRIR PRAGA

Aunque quizá prefiera prolongar su paseo por nábř. Edvarda Beneše *(tranvía n°12)* hasta el puente Čechův. Suba por las empinadas escaleras que conducen a la esplanada de **Letná**, desde donde se disfruta de una estupenda **vista**★★ de Praga. Aquí se alzaba en su día una descomunal estatua de Stalin, dinamitada durante el periodo de desestalinización; su lugar lo ocupa ahora un metrónomo enorme. En el jardín que rodea la zona preste especial atención al **Hanavský pavilón**, construido en estilo neobarroco para la Exposición de 1891 y trasladado a este sitio en 1898. Continúe hasta Chotkovy sady, donde podrá coger el tranvía n°18.

*Espléndida, la sala de conciertos del Rudolfinum. El programa de esta sala es bastante apretado.*

## STARÉ MĚSTO: LA CIUDAD VIEJA

*Desde la estación de metro Staroměstská hasta la parada del tranvía Revoluční.*

Este recorrido poco habitual explora el fascinante laberinto que forman las calles de Staré Město, la ciudad medieval de Praga.

El itinerario parte de la estación de metro **Staroměstská**. Observe hacia el Oeste, al otro lado del Moldava, la magnífica panorámica del Castillo de Praga y Malá Strana. La plaza **Náměstí Jana Palacha** [CX 103] recibe el nombre de **Jam Palach**, joven estudiante de la Facultad de Filosofía que se inmoló en el fuego como protesta ante la ocupación de Checoslovaquia por parte de las tropas del Pacto de Varsovia, en el mes de agosto de 1968.

Desde la plaza se distinguen tres grandes edificios. Si miramos al castillo, con la Facultad de Filosofía a nuestras espaldas, veremos a la izquierda la Universidad de Artes Aplicadas, y a la derecha el **Rudolfinum★**, que —construido sobre las orillas del Moldava— da a la plaza. Concebido en principio para albergar un museo, una galería, y una sala de conciertos, este edificio es actualmente una de las

# STARÉ MĚSTO: LA CIUDAD VIEJA

# DESCUBRIR PRAGA

salas de conciertos más importantes de Praga, y sede de la Orquesta Filarmónica Checa. La restaurada **Sala Dvořák**, magnífico ejemplo de decoración interior neo-renacentista, ha recobrado el esplendor que la caracterizó en sus inicios.

Deje atrás el castillo, y siga todo derecho por la calle Kaprova. Coja la primera calle a la derecha, Valentinská, que conduce a Mariánské námèstí. En el lateral derecho se encuentra la entrada del **Clementinum** [CX 88]. A la izquierda, la **Biblioteca Municipal,** construida en los años treinta, y el **Nuevo Ayuntamiento** (Nová radnice) reconstruido en este siglo. La fachada de este último está adornada con esculturas alegóricas de las virtudes: la Modestia, la Magnanimidad, la Fuerza, la Perseverancia, así como las figuras menos habituales de la Contabilidad y la Gestión (!). También se incluyen personajes legendarios de Praga, como el rabino Löw, creador

*El Nuevo Ayuntamiento de la Ciudad Vieja fue construido entre 1908 y 1911. En sus estatuas cobran forma la Contabilidad y la Gestión.*

## STARÉ MĚSTO: LA CIUDAD VIEJA

del Golem. Delante de la Biblioteca Municipal vemos un muro que rodea el jardín de un palacio; dispone de una fuente decorada con una estatua neoclásica, representación del río Moldava, aunque aquí aparece bautizado como «Terezka». Pase esta calle y siga por la calle Husova [CX 40], muy animada gracias a sus tiendas y cafés.

No pasará por alto, a la izquierda, el **Palacio Clam-Gallas** (Clam-Gallasův palác) [CX C], cuyo balcón es sujetado por las estatuas de gigantes, de Matthias Braun. El artista se recreó en ellas: si se fija, observará que el taparrabos de uno de los gigantes es el hocico de un león. Después cruzaremos la calle Karlova, que va de Staroměstské Náměstí al Puente Carlos. Enfrente, en el lado derecho de la calle Husova, haga un alto en **«El Tigre de Oro»** (U zlatého tygra), conocida cervecería. Al escritor Bohumil Hrabal le encantaba dejarse caer por aquí: venía a escuchar las historias que, cerveza en mano, contaba la

*¡Silencio! Entramos en la biblioteca del Monasterio de San Gilles.*

# DESCUBRIR PRAGA

clientela del local y las transformaba en cuentos y novelas; es probable que ahora el elevado número de turistas que visitan el lugar le echase para atrás. «El Tigre de Oro» fue el lugar elegido por el presidente Václav Havel para invitar a cenar a Bill Clinton durante su visita oficial a Praga. Más adelante, entre las calles Jalovcová y Zlatá, se alzan el monasterio dominicano y la **iglesia de San Gil (Kostel sv. Jiljí)** [CX 5], con sus altos techos abovedados, decorados de frescos en trampantojo.

Continúe por Husova hasta llegar a un cruce de calles. Gire a la derecha en **Betlémské náměstí** [CX 8], con su restaurada **Capilla de Belén** (Betlémská kaple), que data de la Edad Media. Aquí pronunciaba Jan Hus los sermones que le condujeron (en el año 1415) a la horrible muerte en la hoguera y que inspiraron el movimiento reformador husita. Donde se estrecha

*La actual Capilla de Belén es una reproducción exacta de la original. Es aquí donde Jan Hus se dirigía a sus seguidores.*

# STARÉ MĚSTO: LA CIUDAD VIEJA

la plaza podemos ver un edificio amarillo: antiguo emplazamiento de la cervecería U Halánků, hoy en día lo ocupa el **Museo Náprstek**. Siga por la calle Náprstkova [CX 105], a la derecha del museo, y coja la segunda bocacalle a la derecha, Stříbrná, que le conducirá a la minúscula Anenské náměstí, lugar donde se encuentra el **Teatro de la Balaustrada** (Divadlo Na zábradlí), escenario de los estrenos de prácticamente todas las obras conocidas de Václav Havel.

La calle Anenská corta la calle Liliová, donde el viajero necesitado puede saciar su sed en U krále Jiřího, y nos conduce al callejón Řetězová. A mitad de la calle, observe la **Casa de los Señores de Kunštát** (Dům pánů z Kunštátu), con sus sótanos de estilo románico. Esta antigua vivienda perteneció a la familia del husita Jorge de Poděbrady, que reinó terminadas las guerras de religión, en un principio como regente de Ladislao VI el Póstumo (durante su infancia), y finalmente como monarca, electo en 1458 tras la muerte del joven rey en 1457.

El callejón Řetězová lleva a la calle Husova. Crúcela y suba por la callejuela Jalovcová hasta desembocar en la calle Jilská, detrás del monasterio dominicano. Siga por la derecha, y pasará (por el lado izquierdo de la calle) delante de la casa llamada la **Puerta de hierro** (Železné dveře), con un restaurante en el pasadizo. Ahora se encuentra en la calle Michalská, donde quizá le tiente probar suerte en alguna de las numerosas tascas que sirven vinos de Moravia. Terminada la degustación, siga por Michalská hasta una plazuela denominada el **Mercado del Carbón** (Uhelný trh) [CX 156]. Curiosamente, en dicho lugar se instalaba antiguamente un mercado de flores.

Desde el Mercado del Carbón, tome a mano izquierda la calle Havelská (San Gall), con su mercado de fruta y verduras. Aquí había una aldea llamada San Gall en el s. XVIII, un arrabal de

69

## DESCUBRIR PRAGA

comerciantes perteneciente a Staré Město. Este lugar ha conservado su carácter comercial hasta nuestros días. Prosiga por Havelská hasta la calle Železná. A la derecha se yergue el **Teatro de los Estados★** [CX T³], de estilo neoclásico. Desde la entrada principal del teatro, se puede ver a la izquierda el **Carolinum** (Universidad Carlos), centro de estudios desde el s. XIV.

Continúe por la calle Železná [CX 178] a la izquierda y llegará a Staroměstské náměstí. Lo mejor es ir por detrás del Carolinum y coger la callejuela Kamzíkova (a la derecha), que le lleva a la calle Celetná. Por detrás de la iglesia de Týn, la calle Štupartská rodea el **Ungelt,** edificio medieval dotado de un grande y pintoresco patio que era a la vez oficina de arbitrios y hospedería para los mercaderes. Atraviese el patio del Ungelt con sus restaurantes y tiendas de antigüedades. De frente, la **iglesia de Santiago★** (Kostel sv. Jakuba), es otra joya más de la arquitectura barroca. La nave, de aspecto gótico, está decorada con esculturas y pinturas barrocas, combinación frecuente en las iglesias de Praga. Allí se pueden ver tres cuadros de **Petr Brandl,** además de otros muchos tesoros. Podrá admirar la tumba de Jan Václav Vratislav de Mitrovice, erigida entre 1714 y 1716 por Fischer von Erlach, el arquitecto que diseñó el «Sol de Praga». La tumba está adornada con esculturas de F.M. Brokoff. Fíjese en la representación de Cronos (el Tiempo) y en su reloj de arena. Con un poco de suerte, puede que su visita coincida con un concierto de música clásica. De no ser así, le informamos de que los órganos de la iglesia merecen especial atención.

Al salir de la iglesia de Santiago, coja Malá Štupartská a la derecha, que le conduce a Masná. Tuerza a continuación hacia la izquierda y —al llegar a un cruce de tres calles— siga por la calle Kozí, que es la segunda contando por la derecha. Unos pasos más adelante, entre por la derecha en la Haštalské náměstí [CX 27], en cuyo centro se

*Un cuidadoso trabajo de restauración ha devuelto su belleza original a la iglesia del Salvador y al convento de Santa Inés, ambos de estilo gótico.*

encuentra la pequeña **iglesia** barroca **de San Cástulo** (Kostel sv. Haštala). Siga por el lateral izquierdo de la iglesia y coja la calle Anežská. Allí se encuentra el convento medieval de **Santa Inés**★★ (Anežský klášter) [CX], que conserva en su interior parte de las colecciones de pintura y escultura del s. XIX pertenecientes a la Galería Nacional. Desde el Convento de Santa Inés, descienda por la calle Řásnovka hasta la parada del tranvía en Revoluční.

## JOSEFOV: EL BARRIO JUDÍO

*Desde Staroměstské náměstí hasta el Rudolfinum.*

Tenga en cuenta si desea visitar este barrio que el sábado se celebra el Sabbat, por lo que todo está cerrado.

*Capitel de la iglesia del Salvador.*

## DESCUBRIR PRAGA

El recorrido es breve, pues siempre se ha restringido el espacio a la comunidad judía. La comunidad judía de Praga ya era importante desde al menos el s. X. La idea de comunidad cerrada —el gueto— surgió en 1190, cuando la Iglesia decretó que todos los cristianos de Europa debían evitar el contacto físico con los judíos. Es en esa época cuando se obliga a los judíos a llevar sombreros puntiagudos e insignias amarillas para que sus vecinos puedan distinguirles. En cierto modo, la comunidad judía recibió con agrado la instauración del toque de queda, pues (de paso) el cierre de las puertas del gueto al caer la noche les protegía de sus enemigos. Sin embargo, las persecuciones fueron prácticamente continuas, y alcanzaban sus mayores cotas de delirio cuando acuciaba la necesidad de un chivo expiatorio. Praga no fue excepción en lo que a este tema se refiere. En 1389, la mitad del gueto (lo que se traduce en 3.000 hombres, mujeres y niños) fue masacrada; además, en 1541, se desterró de la ciudad a la comunidad judía durante algún tiempo.

Afortunadamente la situación mejoró, y en 1784 el **emperador José II** hizo abrir definitivamente las puertas del gueto. Como muestra de agradecimiento los judíos bautizaron a su barrio con el nombre de **Josefov★★★**.

Hoy día es poco lo que queda del antiguo barrio judío, ya que a finales del s. XIX el Consejo Municipal de Praga puso en marcha un plan de renovación urbana. En lugar de mejorar la red de alcantarillado, el abastecimiento de agua o las viviendas ya existentes en Josefov, se dedicaron a arrasarlo todo, convirtiendo en escombros mil años de historia.

Si desea visitar el Barrio Judío, no olvide que el sábado se celebra el Sabbat, y por lo tanto todo está cerrado.

# JOSEFOV: EL BARRIO JUDÍO

*Le resultará difícil imaginar que antaño las estrechas callejuelas del gueto ocupaban la Avenida de París. Casi todos los edificios son de estilo art nouveau o neobarroco.
En el centro, como una isla, apreciamos el Ayuntamiento Judío y la Sinagoga Vieja-Nueva.*

Nuestro punto de partida se sitúa al Norte de **Staroměstské náměstí★★★** (Plaza de la Ciudad Vieja). Antes de tomar Pařižská třída, fíjese a la izquierda en el muro del edificio de nueva construcción contiguo a la **iglesia de San Nicolás★★★**, en la calle Kaprova [CX 55]. En él puede contemplarse una placa conmemorativa con el busto del escritor judío Franz Kafka, cuya casa natal se erigía en el lugar que hoy ocupa el moderno edificio.

En su caminar por la **Avenida de París★**, le resultará difícil imaginar que estuviera ocupada en otros tiempos por las callejuelas del gueto.

# DESCUBRIR PRAGA

*La Plaza de la Ciudad Vieja ha alojado una iglesia desde el s. XII. Desde el año 1735, fecha en que finalizó su construcción, le ha tocado el turno a la iglesia de San Nicolás.*

Casi todas las casas son de estilo *art nouveau* o neobarroco.

Coja la calle Kostečná, a la derecha. Al final de la calle, gire hacia la derecha y coja la calle Dušní, que le conducirá hasta la **iglesia del Espíritu Santo** (Kostel sv. Ducha) y en cuyo interior podrá admirar una escultura barroca que representa a San Juan Nepomuceno, obra de Brokoff.

Detrás de la iglesia, los arabescos y ventanas moriscas de la **Sinagoga Española** (Španělská

## JOSEFOV: EL BARRIO JUDÍO

Synagóga) despiertan el triste recuerdo de la comunidad de judíos sefarditas, instalados en Praga a finales del s. XV, tras su expulsión de España. Esta sinagoga está cerrada al público, y sirve de almacén para los tejidos del Museo Nacional Judío.

*Existe la posibilidad de comprar una entrada a precio reducido que permite el acceso a un grupo de monumentos; no obstant esta oferta no incluye la visita de la Sinagoga Española.*

*Antes del holocausto los sefarditas de Praga rendían su culto en la Sinagoga Española. Por desgracia, en la actualidad se encuentra cerrada al público.*

## DESCUBRIR PRAGA

*Interior de la Sinagoga Maisel, construida por el banquero judío Mordechai Maisel. que fue alcalde del Barrio Judío.*

Coja ahora la calle Široká, crúcela y siga recto hasta torcer a la izquierda por la calle Maiselova, que debe su nombre al que fuera alcalde de Josefov, el banquero **Mordechai Maisel** (1528-1601). Maisel vivió en tiempos del emperador Rodolfo II, al que solía prestar dinero, comprando así la tranquilidad de su pueblo. A su muerte, Maisel era uno de los hombres más ricos de Europa; se le recordará como un gran benefactor del barrio judío. La

# JOSEFOV: EL BARRIO JUDÍO

Sinagoga Maisel lleva su nombre y fue uno de sus regalos a la ciudad. En nuestros días aloja una parte de la exposición dependiente del **Museo Nacional Judío.** Finalizada la visita a la sinagoga, volvemos sobre nuestros pasos hasta la calle Široká. Cruzamos y nos detenemos frente a otro edificio financiado por Maisel, **el Ayuntamiento Judío** (Židovská Radnice). Construido en el año 1586, de estilo renacentista, recibió como aportación rococó (en 1765) una torre de reloj; las agujas la esfera giran en sentido inverso para indicar las cifras hebreas, que se leen de derecha a izquierda. En el interior del hotel hay un **restaurante** y un **centro de información.**

*Detalle de la fachada del Ayuntamiento Judío. Las manecillas del reloj de la torre giran «al revés».*

## DESCUBRIR PRAGA

## *El Golem*

Mucho antes de que se creara el personaje de Frankenstein (o, más bien, de que se ensamblara), otro gigante creado por la mano del hombre recorría las calles del gueto de Praga. Este ser terrorífico, llamado *Golem*, fue modelado con barro procedente de orillas del Moldava y cobraba vida cuando se mencionaba a Dios (acción que prohibe la tradición judía), cuyo nombre estaba escrito en el «shem», un pergamino colocado en el interior de su boca. Según el Talmud, código que recoge la ley judía, anteriormente ya habían existido criaturas de este género, pero el creador del Golem de Praga, a finales del s. XVI, fue un erudito, escritor y filósofo: el **rabino Löw.** Son numerosos y diversos los testimonios sobre las andanzas del Golem por la ciudad. Algunos lo presentan bajo una luz más bien siniestra, pero en general sólo se le atribuye el uso de sus poderes para defender a los judíos, sometidos a incesantes persecuciones.

No obstante, el monstruo tenía sus días contados. Un día de Sabbat, el rabino Löw se olvidó quitarle el «shem» a su infatigable servidor, y el Golem se rebeló, sembrando el pánico. Löw se vio obligado a interrumpir el servicio que oficiaba en la Sinagoga Vieja-Nueva para ocuparse de su criatura. El rabino tuvo el valor necesario para arrancarle el *shem* de la boca: inmediatamente el barro volvió a ser barro. Juda Löw ocultó los restos sin vida del Golem en los sótanos de la Sinagoga Vieja-Nueva y retomó el oficio religioso en el punto en el que lo había dejado.

Löw murió en 1609, a la avanzada edad de 89 años. Sus restos fueron inhumados en el Antiguo Cementerio Judío, y actualmente su tumba es una de las que atrae mayor número de visitantes. La gente deposita sobre ella montones de guijarros en señal de respeto. Leyenda o realidad, lo cierto es que los fieles de la Sinagoga Vieja-Nueva todavía repiten el versículo del salmo que recitaba el rabino Löw cuando se vio obligado a interrumpir el rito, igual que cuando —hace tres siglos— sus antepasados...

*El Golem, ¿precursor de Frankenstein?*

**EL GOLEM**

# DESCUBRIR PRAGA

En la esquina con la calle Červená se encuentra la **Sinagoga Alta** (Vysoká synagóga), en la que se expone una colección de tejidos judíos. Este edificio, al igual que la sinagoga Maisel, fue financiado por el banquero. También en la calle Červená se encuentra el más preciado de los edificios del Barrio Judío, **la Sinagoga Vieja-Nueva**★★★ (Staronová synagóga). Esta maravillosa obra data de, aproximadamente, el año 1280, lo que la convierte en una de las construcciones góticas más antiguas de la ciudad. Ha servido de lugar de culto a la comunidad judía de Praga durante más de 700 años, y ha sido refugio de los judíos frente a persecuciones y pogromos. En el plano arquitectónico, la Sinagoga Vieja-Nueva marca la transición del románico al gótico. Los soportes de los pilares son macizos y están bien anclados al suelo, pero la austera nave, cuya cúpula se eleva sobre delicadas columnas octogonales, es del más puro estilo gótico. En el s. XVIII se construyó una nave lateral para las mujeres. En este venerable edificio —además— reposa la terrible criatura creada por el rabino Löw, el Golem.

Después de haber visitado esta sinagoga puede entrar a la **Sinagoga Pinkas** (Pinkasova synagóga), fundada en el s. XV por el rabino del mismo nombre. En una de las paredes están inscritos los nombres de los 77.000 judíos checos muertos durante el holocausto. En la **casa ceremonial** (Obřadní síň) se expone una conmovedora colección de objetos procedentes del campo de concentración de Terezín (Theresienstadt).

Al salir de la sinagoga, diríjase al **Antiguo Cementerio Judío**★★★ (Starý Židovský hřbitov) [CX R³], un lugar extraordinario. Aquí reposan los restos de más de 20.000 personas, pues

*A la derecha: El rabino Löw reposa en el Antiguo Cementerio Judío.*

*Abajo: El Cementerio Judío, las lápidas se funden con los árboles para formar un bosque de piedra.*

*Antiguo lugar de oración, este cementerio nos exhorta a no olvidar las atrocidades cometidas a lo largo de la historia.*

## JOSEFOV: EL BARRIO JUDÍO

durante trescientos años (hasta 1787) el gueto dispuso de un espacio muy limitado. Algunas tumbas encierran hasta doce cuerpos superpuestos, y sus 12.000 lápidas —muchas de ellas colocadas de costado— se esparcen por todo el cementerio para hacer de él un bosque de piedra. Estas lápidas a menudo llevan inscripciones en las que se indica de manera simbólica la familia o la profesión del difunto: unas manos alzadas en señal de bendición para los Cohen, una jarra para los Lévi, tijeras para los sastres etcétera. En este cementerio yace el rabino Löw, no lejos del banquero Maisel.

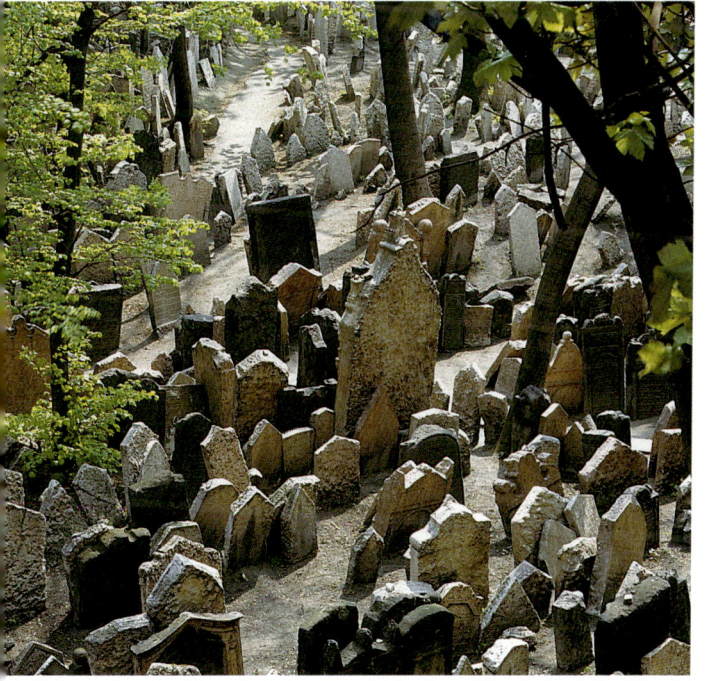

## DESCUBRIR PRAGA

De acuerdo con la tradición, los numerosos visitantes judíos depositan sobre algunas tumbas plegarias por los muertos, utilizando una piedra a modo de pisapapeles. Cerca de aquí se encuentra también la **Sinagoga Klaus** (Klausova synagóga).

*La Sinagoga Klaus se alza en el lugar en que se encontraban pequeños lugares de oración y escuelas judías (klausy).*

## LA CRUZ DE ORO

La **Plaza Venceslao**★★★ (Václavské Náměstí) [CD XY] es el corazón de Praga. Esta plaza ha sido testigo de todos los acontecimientos que han marcado la historia de la ciudad: la Declaración de la Primera República en 1918, la confrontación con los carros soviéticos en 1968 y, por supuesto, las grandes manifestaciones de la Revolución de Terciopelo. Las dos arterias más animadas de la ciudad atraviesan la parte inferior de la plaza: Národní y Na Příkopě; la traducción de esta última sería «sobre los fosos», lo que da cuenta de sus orígenes, pues esta vía sigue el

*Plaza Venceslao: Majestuosa, nos conduce al Museo Nacional.*

## DESCUBRIR PRAGA

trazado de la línea divisoria entre Ciudad Vieja y Ciudad Nueva. Al conjunto formado por la Plaza Venceslao, Národní y Na Příkopě se le conoce como «zlatý kí», es decir, la Cruz de Oro.

La plaza Venceslao fue rebautizada en el s. XIX, en plena época del resurgimiento nacional. A la famosa estatua ecuestre de San Venceslao (1912) la rodean la de otros santos patronos checos.

El **Museo Nacional**★ (Národní muzeum) domina la Plaza Venceslao. Este imponente edificio fue construido entre 1885 y 1890 por el arquitecto Josef Schulz *(véase p.88)*.

Abandonamos la plaza dejando atrás la Plaza Venceslao. A la derecha, pasada la calle Opletalova, nos encontramos con el **Hotel Jalta** (Yalta), construido según los dictados del «realismo socialista». Frente a él se alza el gigantesco **Palacio Lucerna**, concebido en parte por el abuelo del presidente Havel. Un poco más adelante, en la misma acera, se encuentra la editorial Melantrich, en cuyo balcón se produjo en 1989 la histórica aparición de Václav Havel, en el transcurso de la Revolución de Terciopelo.

Al otro lado de la plaza se encuentra el espléndido **Hotel Europa [DX F]**, uno de los exponentes arquitectónicos de la ciudad de estilo *art nouveau*. En la esquina con la calle Jindřišská se encuentran las oficinas que pertenecieran a la compañía de seguros donde trabajó Franz Kafka (en la actualidad, el Instituto Polaco). La parte baja de la plaza se llama **Puentecito** (Můstek), al igual que la estación de metro. En el último piso del edifico postmodernista que domina la estación hay un café desde el que se disfruta de una soberbia vista de toda la plaza. Si fijamos la atención en la parte alta de la plaza, veremos a mano derecha los famosos almacenes **Baťa**, construidos por

*Detalle de la fachada del Hotel Europa, de estilo* art nouveau.

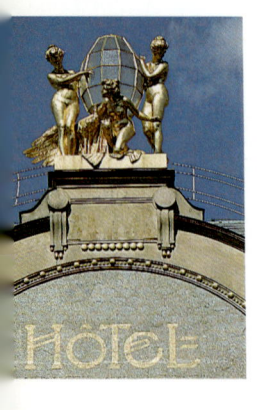

84

## LA CRUZ DE ORO

*La escalera del Banco Živnostenská es una muestra del lujo neo-renacentista que caracteriza al edificio.*

Tomáš Baťa, magnate del calzado y gran mecenas de los artistas checos de vanguardia.

Las calles Národní y Na Příkopě son dos animadas vías comerciales. Deténgase en el nº 7 de Na Příkopě para contemplar el edificio U Dorflerů, de estilo *art nouveau*, y el banco **Živnostenská★ [DX Z²]**, construido (por O. Polívka) como banco del reino checo en estilo neo-renacentista entre los años 1894 y 1896. Le sorprenderá la decoración del vestíbulo.

Numerosas joyas de la arquitectura embellecen también la calle **Národní [CY]**, como por ejemplo el **Convento de las Ursulinas** (Kostel sv. Vorsily, 1678), restituido a las religiosas en 1989. En el extremo Oeste, cerca de la orilla y enfrente del **Teatro Nacional★★ [CY T²]**, se encuentra el legendario **Café Slavia**, en otros tiempos inevitable lugar de cita para artistas, escritores, estudiantes y comediantes.

## DESCUBRIR PRAGA

## *La música en Praga*

Praga ofrece una amplia variedad de locales en los que escuchar música clásica, y no nos referimos sólo a los teatros y las salas de conciertos, sino también a las iglesias. Tanto el **Teatro Nacional** (Národní divadlo) como la **Ópera Estatal** (Státní opera) disponen de su propia orquesta y compañía de ballet. La otra sala teatral de importancia es el **Teatro de los Estados** (Stavovské divadlo). Aquí, como en ningún otro sitio, sentirá la magia de la música de Mozart, pues éste fue el escenario del estreno de *Don Giovanni*. El edificio mismo del Teatro Nacional, construido entre 1868 y 1883 por los mejores artistas checos de la época, fue la primera y más significativa expresión arquitectónica del resurgimiento nacional. Los arquitectos Zítek y Schulz, los escultores Myslblek, Schnirch y Wagner, y los pintores Aleš, Hynais y Ženíšek se entregaron apasionadamente a la construcción de este soberbio edificio de estilo neo-renacentista. En Praga hay tres grandes salas de conciertos: La **sala Smetana** (Smetanova siň), en la **Casa Municipal**, situada en la Plaza de la República (Náměstí Republiky); la **sala Dvořák**, perteneciente al Rudolfinum, Plaza Jan Palach (Náměstí Jana Palacha) y la **Sala de los Congresos,** en el Palacio de la Cultura (cerca de Vyšehrad). El **Rudolfinum** alberga a la prestigiosa Orquesta Filarmónica checa.

La Casa Municipal es escenario tradicional los conciertos de inauguración y de clausura del **Festival de Música de Primavera** (Pražské Jaro). Este festival internacional tiene comienzo cada año el 12 de mayo, fecha en que se cumple el aniversario de la muerte de Smetana, con la interpretación de su ciclo de poemas sinfónicos *Mi patria (Má vlast)* y finaliza a comienzos de junio con la *Novena Sinfonía* de Beethoven y *el Himno a la Alegría*.

En las salas de conciertos e iglesias se organizan conciertos a lo largo de todo el año: la **Casa de la Campana de Piedra,** en Staroměstské náměstí, las iglesias de **San Nicolás, Santiago, San Simón y San Judas,** en la Ciudad Vieja; el **Palacio Nostitz** y el **Palacio Liechtenstein; San Nicolás** y **Nuestra Señora de la Cadena,** en Malá Strana; el

# LA MÚSICA EN PRAGA

*Teatro Nacional: A la música siempre se le ha concedido un lugar privilegiado.*

Palacio Lobkowicz; la **Basílica de San Jorge,** y a veces en la **Sala Española,** en el castillo.
Para recabar información sobre los conciertos de rock o de jazz lo más aconsejable es consultar los diarios de Praga, dado que con frecuencia varían los lugares donde se celebran. Algunos locales gozan ya de una cierta tradición, como **Reduta,** en la calle Národní; **Agharta Jazz Centrum,** en la calle Krakovská y el **Metropolitan Jazz Club,** de la calle Jungmannova. Además, en octubre se celebra el **Festival Internacional de Jazz**. Asimismo, en el **Parque de Exposiciones** (Vystaviště) en el distrito nº 7, se puede disfrutar de espectáculos de agua y sonido (**fuente Křižík**). En el Servicio de Información de Praga (PIS) obtendrá más detalles. *(véase también p. 120).*

# DESCUBRIR PRAGA

*Déjese impresionar por la escalera central del Museo Nacional.*

## MUSEOS Y GALERÍAS

### Museo Nacional★ (Národní muzeum)
Praga 1, Václavské náměstí 68 [DY].
*Abierto todos los días de 9 h a 17 h; cierra el primer martes de cada mes.*
Exposición permanente de minerales, paleontología y zoología. Exposiciones antropológicas e históricas. En el **Panteón** los visitantes pueden contemplar los bustos y esculturas de personalidades de la ciencia y las artes checas.

### Museo Dvořak★ (Muzeum Antonína Dvořak)
Praga 2, Ke Karlovu 20.
*Abierto a diario, de 10 h a 17 h.*
La visita vale la pena tanto por el edificio mismo – Villa Amerika –, de estilo barroco, como por la exposición consagrada a uno de los compositores de la música nacional checa.

### Bertramka o Museo Mozart
Praga 5, Mozartova 169.
*Abierto todos los días, de 9 h 30 a 18 h de abril a*

# MUSEOS Y GALERÍAS

*octubre; el resto del año cierra a las 17 h.*
En este palacete dieciochesco, rodeado de viñedos, se alojó Mozart. Todo aquí recuerda al genio.

### Museo Alphons Mucha
Praga 1, Panská 7, Kaunicky palác.
*Abierto todos los días, de 10 h a 18 h.*
El museo Mucha acoge algunas obras de este artista; es una invitación a descubrir el *art nouveau* checo.

### Palacio Lobkowicz (Lobkovický palác)
Castillo de Praga, calle Jiřská [BX].
*Abierto de martes a domingo, de 9 h a 17 h.*
Este palacio alberga parte de la exposición histórica del Museo Nacional.

### Lapidarium★
Praga 7, Výstaviště.
*Abierto al público de martes a viernes, de 12 h a 18 h; sábados y domingos de 10 h a 12 h y de 13 h a 18 h.*
Museo de escultura. Aquí se encuentran las estatuas originales del Puente Carlos.

*El antiguo Palacete de verano Michna (conocido posteriormente como Villa Amerika; nombre de un edificio cercano) aloja el Museo Dvořák.*

# DESCUBRIR PRAGA

### Museo Smetana
### (Muzeum Bedřicha Smetany)
Praga 1, Novotného lávka [CX M¹]. *Abierto a diario, excepto martes, de 10 h a 17 h.* Aquí se rinde homenaje al «padre de la música checa».

### Museo del juguete (Muzeum hraček)
Praga 1, Castillo de Praga, calle Jiřská [BX].
*Abierto al público todos los días de 9 h 30 a 17 h 30.*
Fundado por el pintor y coleccionista checo Ivan Steiger.
La colección presenta la evolución del juguete desde la Grecia clásica a nuestros días.

### Museo de la Ciudad de Praga★
### (Muzeum hlavního města Prahy)
Praga 1, Na Poříčí 52 [DX M³].
*Abierto al público de martes a domingo, de 10 h a 18 h.*
Historia de la ciudad y sus habitantes desde la prehistoria hasta 1620. La pieza más interesante es la maqueta de Praga (1826-1837) realizada por Langweil con papel y madera.

### Museo de Historia Militar
### (Vojenské historické muzeum)
Praga 1, Palacio Schwartzenberg [AX R'], Hradčanské náměstí 2.
*Abierto al público de martes a domingo, de 10 h a 18 h.*
Reúne diversos objetos militares anteriores a 1945.

### Museo Nacional de la Técnica
### (Národní technické muzeum)
Praga 7, Kostelní 42.
*Abierto al público de martes a domingo, de 9 h a 17 h.*
Transporte, astronomía, medición del tiempo, historia de la fotografía, metalurgia, minería y acústica.

### Museo de Artes Decorativas★
### (Uměleckoprůmyslové muzeum)
Praga 1, 17, calle Listopadu 2 [CX M⁶].
*Abierto al público de martes a domingo, de 10 h a 18 h.*
Artes decorativas checas y europeas desde el s. XVI al XIX: cristalería, cerámica, porcelana, mobiliario, forja de metal, productos textiles, accesorios de moda, libros y miniaturas.

# MUSEOS Y GALERÍAS

*Detalle del Museo de Artes Decorativas: esculturas que representan artistas manos a la obra.*

### Galería nacional★★★ (Národní galerie)
Las colecciones están repartidas en distintos edificios:
**(I) Palacio Sternberg** (Šternberský palác)
Praga 1, Hradčanské 15 [AX].
*Abierto al público de martes a domingos, de 10 h a 18 h.*
Pintura europea: Palma Vecchio, Durero, Brueghel, El Greco, Goya, Canaletto, Rembrandt y Rubens.
**(II) Convento de San Jorge** (Jiřský klášter)
Castillo de Praga, Jiřské náměstí [BX].
*Abierto al público de martes a domingo, de 10 h a 18 h.*
Pintura y escultura checas del gótico y del barroco.
**(III) Convento de Santa Inés** (Anežský klášter)
Praga 1, U milosrdných 17 [CX].
*Abierto al público de martes a domingo, de 10 h a 18 h.*
Pintura y escultura checas del s. XIX.
**(IV) Castillo Zbraslav** (Zámek Zbraslav)
Praga 5. *Abierto al público de martes a domingo, de 10 h a 18 h (su reapertura está prevista para junio de 1998).*
Aloja una pequeña colección de esculturas checas, aunque numerosas piezas han sido trasladadas al Palacio Ferial.

# DESCUBRIR PRAGA

**(V) Palacio Ferial** (Veletržní palác)
Praga 7, Dukelský ch hrdinů 45.
*Abierto al público de martes a domingo, de 10 h a 18 h (los jueves de 10 h a 21 h).*
**1er piso**: Exposiciones temporales; escultura checa; *action art* de los años 1960-1980; obras cubistas de Otto Gutfreund.
**2º piso**: Arte moderno checo de 1960 a 1995; arte francés de los siglos XIX y XX, anteriormente expuesto en el Palacio Sternberg; arte europeo del s. XX.
**3er piso**: Arte moderno checo de 1900 a 1960.
**(IV) Palacio Golz-Kinský** (pálac Golz-Kinských)
Praga 1, Staroměstské náměstí, 12 [CX P¹].
*Abierto al público de martes a domingo, de 10 h a 18 h.*
Exposiciones temporales. Adquirido por la Sociedad de Amigos de Kafka, destinado a convertirse en lugar de exposición permanentemente dedicado al escritor.

## Galería del Monasterio Strahov★★ (Strahovská obrazárna)

En el Monasterio de los Premonstratenses
Praga 1, Strahovské nádvoří 1 [AX].

*Detalle de la fachada de la Casa de la Campana de Piedra; ¿la ve?*

# MUSEOS Y GALERÍAS

*Abierto al público de martes a domingo, de 9 h a 12 h y 12 h 30 a 17 h.*

Colección de cuadros antiguos, de reciente inauguración.

### Casa de František Bílek (Bílkova Vila)

Praga 6, calle Mickiewiczova [BV].

*Abierta al público de martes a domingo, de 10 h a 18 h (durante el invierno, los sábados, domingos y días festivos abre de 10 h a 17 h).*

Fascinantes obras escultóricas (simbolismo y *art nouveau*)

### Palacio de Verano Troja* (Trojský zámek)

Praga 7, Troja.

*Abierto al público de martes a domingo, de 10 h a 18 h (en invierno, los sábados, domingos y festivos de 10 h a 17 h).*

Exposiciones temporales; arte checo del s. XIX; colecciones de la historia de la ciudad.

### Museo Judío (Židovské muzeum)

Jáchymova 3 [CX].

*Abierto al público de domingo a viernes, de 9 h a 17 h (desde abril hasta octubre) o de 9 h a 16 h 30 (de noviembre a marzo).*

Objetos recuerdo del gueto y miles de objetos creados por los judíos y reunidos por orden de Hitler.

### Picadero del Castillo de Praga (Královská jízdárna)

Praga 1, Valsdtrjnska 3 [ABX].

### Picadero del Palacio Wallenstein (Valdštejnská jízdárna)

Cerca de la estación de metro de Malostranská [BX]. Estas dos antiguas escuelas de monta han sido transformadas en galerías de arte y albergan distintas exposiciones temporales.

# DESCUBRIR PRAGA

## LUGARES DE INTERÉS
### Excursiones de un día

A aquéllos que deseen pasar un día fuera de la ciudad les recomendamos la visita de alguno de estos tres castillos. Sólo pueden visitarse acompañados por un guía. Lo más práctico es si organiza la visita a través de una agencia. *(Véase* **Excursiones**, *p.114)*

**Castillo de Karlštejn**★★ (Hrad Karlštejn)
Este magnífico castillo medieval fue construido para Carlos IV entre 1347 y 1358, probablemente por los mismos arquitectos que construyeron la Catedral de San Vito, Matthieu d'Arras y Petr Parléř. El castillo ha sido caja fuerte de las joyas de la corona, además de ser el lugar de retiro escogido por el emperador. Fue ampliamente restaurado en el s. XIX por Josef Mocker, responsable de las obras de renovación de la catedral, no obstante se han preservado numerosos elementos del gótico de la construcción original.

La **Capilla de la Santa Cruz** (decorada con oro y piedras semipreciosas, así como con 129 lienzos del maestro Teodorico) cuenta entre los grandes tesoros nacionales de Bohemia, pero raramente se abre al público.

El castillo se encuentra a unos 30 km al Sudoeste de Praga, a orillas del río Berounka, rodeado de frondosas colinas. Se puede llegar en autocar (hay agencias que organizan la excursión), en autobús de línea o en tren (la salida es desde la estación de Smíchov (Smíchovské nádraží). En los restaurantes de Karlštejn se puede degustar el vino procedente de los viñedos del entorno.

**Horario de visita**: De 9 h a 12 h y de 13 h a 16 h (enero, febrero, marzo, noviembre y diciembre), 17 h (abril, octubre), 18 h (mayo, junio y septiembre), 19 h (julio, agosto). Cerrado los lunes.

# LUGARES DE INTERÉS

**Castillo de Konopiště★★** (Zámek Konopiště)
Castillo gótico, con elementos barrocos. En él residió el **archiduque Francisco Fernando de Austria-Este**; su asesinato —en Sarajevo— en 1914 fue el detonante de la Primera Guerra Mundial. Alberga los trofeos de caza del archiduque: 171.537 piezas de caza, mamíferos y aves.

Konopiště está situado a 40 km de Praga. Se puede llegar en tren: desde la estación principal (Hlavní nádraží) hasta Benešov, para después hacer un pequeño trayecto en autobús.

**Horario de visita**: Abril, septiembre y octubre, de 9 h a 12 h y de 13 h a 16 h, cierra los lunes; de mayo a agosto, de 8 h a 12 h y de 13 h a 17 h, también cierra los lunes.

**Castillo de Křivoklát** (Zámek Křivoklát)
Rodeado de crestas rocosas, se sitúa en medio del magnífico bosque de la Reserva Natural de Křivoklátská. En principio fue un preciado pabellón de caza de los reyes Premyslitas; posteriormente, Rodolfo I recluyó en él al alquimista inglés Edward Kelley, antes de hacer que lo decapitaran.

Křivoklát está al Oeste de Praga, a 45 km de la capital. La mejor forma de llegar es en coche. También se puede coger el tren que parte de la estación de Smíchov (Smíchovské nádraží) o el autobús que sale de la estación Andĕl.

**Horario de visitas**: En temporada baja puede que se lo encuentre cerrado los lunes. Abril, septiembre y octubre, de 9 h a 16 h; mayo y agosto, de 8 h a 12 h y de 13 h a 17 h.

## Excursiones de media jornada
### Vyšehrad★
Visitar Vyšehrad (que significa «castillo en lo alto») es emprender un viaje al corazón de la mitología checa, ya que es aquí donde —según se cuenta—

## DESCUBRIR PRAGA

la **princesa Libuše** tuvo sus célebres visiones. Desde su muralla se disfruta de una magnífica vista de Praga y Hradčany, sobre todo durante la puesta del sol. El **Cementerio de Vyšehrad** (Vyšehradský hřbitov) alberga los restos de numerosas personalidades de la nación. Entre ellos destacaremos a Dvořák, Smetana y Mucha. Busque en el **Panteón** (Slavín) la gigantesca tumba erigida en memoria de aquéllos considerados por los checos como sus auténticos héroes: no los militares, sino los artistas e intelectuales.

La forma más práctica de llegar hasta Vyšehrad es el metro (estación Vyšehrad).

*Las torres gemelas de la iglesia de San Pedro y San Pablo (en Vyšehrad) fueron construidas en 1885.*

## LUGARES DE INTERÉS

**Monasterio de Zbraslav**
(Zbraslavský klášter)
En otros tiempos Zbraslav era un pueblo independiente de la capital. En este lugar, Přemysl Otakar hizo construir un pabellón de caza. Reconvertido en monasterio cisterciense durante el s. XIII, su influencia política sobre los reyes checos sería de trascendental importancia.

El monasterio fue reconstruido posteriormente en estilo barroco. En 1911, un acaudalado empresario lo hizo restaurar para su uso personal. Hoy en día alberga la **colección**

*El monasterio de Zbraslav fue pabellón de caza, monasterio cisterciense y residencia privada. Actualmente alberga una pequeña parte de la colección nacional de escultura moderna (el resto se encuentra en el Palacio Ferial).*

# DESCUBRIR PRAGA

nacional de arte asiático. A Zbraslav se llega en el autobús que sale de estación de metro de Smíchovské nádraží, o en barco, desde el embarcadero (Přístaviště parníků), en Rašínovo nábřeží, entre los puentes de Palackého y Železniční.

Horario de visita: De martes a domingo, de 10 h a 18 h.

## Šárka

Este valle lleva el nombre de la heroína trágica de una leyenda checa, que también sirvió de inspiración a Smetana para la composición de su poema sinfónico titulado *Šárka*. Durante el agitado periodo que siguió a la muerte de la princesa Libuše, las mujeres formaron una alianza de guerra contra los hombres. En su empeño, ataron a un árbol a la bella Šárka, desnuda, como cebo con el que atraer al caballero Ctirad a su muerte. La estratagema se vio coronada por el éxito, pero Šárka, que se enamoró de Ctirad, se arrojó desesperada desde lo alto de un acantilado.

Si desea visitar el escenario de este drama, coja el tranvía de la línea 20 ó 26 (en dirección al aeropuerto) y bájese en la última parada. Šárka cuenta además con un restaurante y una piscina, y es un lugar muy agradable en el que pasar el día.

## Praga para niños

Los barcos que navegan por el Moldava le permitirán disfrutar de la ciudad desde una perspectiva diferente, además de servir de distracción para los niños. La oficina de alquiler y el embarcadero están en Rašínovo nábřeží, entre los puentes Palackého y Jiráskův. Hay dos visitas de especial interés si viaja con niños:

# LUGARES DE INTERÉS

**Presa de Slapy** (Slapská přehradní nádrž)
Necesitará un día entero si desea realizar esta excursión (la visita de la presa dura cuatro horas, pero hay que contar con dos horas para el regreso, dependiendo de la corriente). El principal atractivo de esta excursión es el paisaje que puede contemplarse desde el barco. En el embalse es posible bañarse y practicar deportes náuticos.

**El palacio Troja★** (Trojský Zámek)
La forma más agradable de trasladarse a las afueras de la ciudad es en barco. Troja (Troya) debe su nombre a los dioses de la antigüedad y a los titanes de piedra que dominan las balaustradas del palacio de verano, de estilo barroco, edificado en este lugar. Le encantarán los jardines artísticos que lo rodean. No lejos de aquí se encuentra el **zoo de Praga.**

*Aunque sólo sea por ver los jardines, bien merece la pena una visita al Palacio Troja.*

99

# VIVIR PRAGA

**Vivir Praga** es deslizarse en barca por el Molvada, y apreciar a ras de agua la ciudad en su conjunto. Vivir Praga es retroceder en el tiempo con ayuda de los diferentes escenarios que procuran las dos riberas del río: la de la izquierda, colina boscosa, con la impresionante silueta del castillo, la de la derecha, extensión urbana con la Ciudad Vieja en primer plano, antesala de la nueva. A uno y otro lado campanarios, cúpulas, pináculos; todos con el cielo como meta. Las fachadas son las grandes protagonistas; de tonos pastel, o a veces colores más vivos, adornadas de esculturas o cubiertas con esgrafiados. Exuberancia arquitectónica, lacería de estilos y épocas que se deja descubrir sin prisas. Praga es un museo al aire libre, y el peatón manda, pues la circulación está sometida a una estricta regulación; la única traba a que usted se mueva a sus anchas puede ser la afluencia de visitantes. Pero vivir Praga también es ir a contracorriente: escapar de las visitas guiadas, dejarse llevar por la curiosidad y penetrar en los callejones *(pasáz)* que unen calles paralelas, o detenerse para explorar los patios interiores, que a veces rodean sorprendentes edificios de balcones corridos *(pavlác)*. Basta visitar cualquiera de las animadas tabernas, o detenerse en alguna zona verde de la ciudad (lugar preferido para el paseo dominical cuando hace bueno... o para la siesta), o ir a un festival de música para darse cuenta de que ésta es una ciudad viva, una ciudad que no para. A pesar de todo ello, Praga es una ciudad modesta, acogedora, pronta a intercambiar, a compartir. Su identidad no es

# VIVIR PRAGA

*El mismísimo Mozart honró con su presencia el Teatro de los Estados, de estilo neoclásico.*

exclusivista, es una identidad que estrecha la mano, quizá por eso la historia no ha podido con ella. Vivir Praga, ir al Puente Carlos cuando ha desaparecido el gentío y dejarse invadir por esa peculiar mezcla de realidad y leyenda. Vivir Praga es caer en su hechizo.

# VIVIR PRAGA

## ALOJAMIENTO

La gama de hoteles de Praga es muy amplia, y encontrará desde los más modestos a los más lujosos. También puede alojarse en moteles o en «boteles» (barco-hoteles sobre las aguas del Moldava). Cualquiera que sea el alojamiento de su elección, le aconsejamos que reserve con bastante antelación, sobre todo durante la temporada alta (de mediados de marzo a noviembre). Recuerde que en esta época los precios por lo general son más elevados. En la Oficina de Turismo checo de su país le ofrecerán un folleto con las direcciones de establecimientos hoteleros de Praga; también encontrará información en Internet – le sugerimos las siguientes páginas: www.hotel.cz y www.travelguide.cz *(información disponible en castellano)*.

Si llega a Praga sin haber reservado habitación previamente, pruebe suerte en la agencia **Pragotour**, Za Poříčskou branoun 7, Praga 8, ⌀ 2171 4130. Pragotour también ofrece alojamiento en casas particulares: una fórmula de creciente demanda y con frecuencia muy interesante, pero se requiere una estancia mínima de tres noches. El **Čedok** (Oficina de Turismo), Na Příkopě 18, Praga 18, ⌀ 2419 7111, ofrece también alojamiento en domicilios particulares. Por último, a quienes acostumbran a dejar todo para última hora quizá les interese saber que la agencia **AVE** (*abre de 6 h a 23 h*, Wilsonova 8, Praga 2, ⌀ 2422 3521), ofrece un servicio de búsqueda de alojamiento al instante.

Los estudiantes tienen fácil encontrar alojamiento a buen precio por toda Praga, gracias a la **CKM**; Agencia de Viajes de la Juventud, Zitná 10, Praga 1 *(abierta de 7 h a 19 de lunes a sábados durante el verano, y 9 h a 18 h de lunes a viernes durante el invierno)*. No hace falta reservar. Los jóvenes que lleguen un domingo y no tengan alojamiento pueden intentar en el Junior Hotel, junto a la CKM, Zitná 12, ⌀ (2) 29 29 84.

Además hay varios **campings** en la ciudad y los alrededores.

**Algunos hoteles:**

**U Páva** – *U Lužického Semináře 32 118 Praga 1; ⌀ (2) 5753 3360, Fax (2) 57 0919* **[BX]**.
Bello establecimiento, instalado en un antiguo edificios (s. XVI). Se encuentra en Malá Strana, cerca de Puente Carlos.

**Casa Marcello** – *Rásnovka 783 (cerca la Plaza Haštalské), 110 00 Praga 1; ⌀ (2) 231 1230, Fax (2) 231 33 23* **[CX]**. Hotel tranquilo y agradable. Edificio antiguo rehabilitado con mucho encanto. Muy cerca de Josef.

**Sieber** – *Slezská 55, 130 00 Praga 1; ⌀ (2) 2425 0025, Fax (2) 2425 0027*. Aunque un poco alejado del centro les encantará su atmósfera familiar.

**Paříž** – *U Obecního Domu 1, 110 00 Praga 1; ⌀ (2) 2219 5195, Fax (2) 24 5475* **[DX]**. Gran hotel de estilo *art nouveau*, frente a la Casa Municipal

# LA COCINA CHECA

Bien situado para llegar en poco tiempo a todos los puntos de interés.

**U Kréle Karla** – *Uvoz 4, 118 00, Praga 1; ✆ (2) 5753 2869, Fax (2) 5753 3591* [AX]. Al pie del castillo se encuentra este hotel, con carácter, instalado en una casa barroca.

**Andante** – *Ve Smečkach 4, 111 21, Praga 1; ✆ 221 1616, Fax (2) 221 0584* [DY]. Este hotel moderno, cerca de Václavské náměsti, ofrece una buena relación calidad precio. Si le apetece darse un gusto (al tiempo que comete una pequeña locura), le recomendamos el **Prague Marriott** – *V Celnici 8, ✆ 288 8888, Fax (2) 288 8889*, así como su vecino, el **Renaissance Prague** – *V Celnici 7, ✆ 182 1111, Fax (2) 182 2200* [DX] – situados cerca de Náměsti Republicky. *Encontrará una oferta más amplia en la* Guía Roja Michelin EUROPA, *en el capítulo dedicado a la República Checa.*

## LA COCINA CHECA

Un tercio de la población checa disfruta de excelente salud, o al menos eso afirman los checos de sí mismos. De ser cierto, se debe sin duda a sus hábitos alimenticios, basados en sopas consistentes, mucha carne, suculentas salsas, y acompañamiento de platos a base de harina, además de postres generosos... sin olvidarnos de que una típica comida checa va siempre acompañada de una buena jarra de cerveza, de excelente calidad. Por supuesto, también puede pedir cosas más ligeras.

Para los más conservadores en cuestiones gastronómicas, Praga, como todas las grandes ciudades, dispone de restaurantes de cocina internacional.

No obstante, cada vez son más los restaurantes dedicados a la cocina tradicional, y son éstos los que recomendamos.

### De primero...

La mayoría de los checos elige una sopa (*polévka*) de primer plato. Generalmente se trata de un caldo de buey, ya sea acompañado de fideos y yema de huevo, o bien de una especie de buñuelos de harina e hígado (*játrové knedíčky*), una receta tradicional. Lo más típico de la cocina checa son sus sopas consistentes: el gulasch (*guláśová polévka*), sopa de judías (*fazolová*), guisantes (*hrachová*), lentejas (*čočková*), col (*zelná*); por lo general todas ellas se sirven acompañadas de un trozo de salchicha. Quizá le tiente probar la sopa de coliflor (*květáková*), aunque se trata más bien de un plato casero, poco frecuente en la carta de los restaurantes. También deliciosas, podrá saborear la sopa de cebolla (*cibulová*) y la sopa a base de pescado de agua dulce (*rybí*).

# VIVIR PRAGA

La sopa ayuda como ningún otro plato a sobrellevar los duros inviernos de Praga, pero los visitantes llegados en cualquier otra época del año quizá prefieran algo diferente, sin renunciar por ello a que sea auténticamente checo. En cualquier carta encontrará el plato llamado šunka s křenovou šlehačkou: rollos de jamón rellenos de nata montada y rábano picante fresco.

También merece la pena probar alguna de las variadas tostadas, que pueden llevar finas lonchas de carne, queso, huevo, jamón o salchicha y que van acompañadas de guindilla (tostada del diablo) o ajo.

### De segundo...

El plato más tradicional está compuesto de carne —ya sea de cerdo asado (vepřová pečeně), de ganso (husa) o de pato (kachna)— servida con col, blanca o roja, o chucrut (kysané zelí) y buñuelos de harina (knedlíky). La carne, que se sirve crujiente, es casi siempre grasa. La de cerdo es muy apreciada, y no sabe igual que la que se toma en Europa Occidental. Seguramente le invitarán a que pruebe el cerdo ahumado (uzené maso). La bebida que acompaña a casi todos los platos suele ser la cerveza, aunque

*Interior de U Fleků, tradición cervecera desde 1499.*

# QUÉ BEBER

también es común el vino tinto. La carne de buey, asada por lo general, se sirve acompañada de una salsa algo dulce *(svíčková)* y de «knedlíky»; en los buenos restaurantes aparece acompañada de arándanos. Hay una gran variedad de salsas: de eneldo *(koprová)*, de rábano blanco *(křenová)*, de champiñones *(houbová)* o de pepino *(znojemská)*. En algunos restaurantes encontrará también, en otoño e invierno, la excelente carne de caza de los bosques de Bohemia. Si visita Praga en Navidad no deje de probar la carpa *(Kapr)*, plato tradicional de estas fechas.

Los vegetarianos podrán degustar algunos platos tradicionales del campo, como los *bramboráky*, buñuelos de patata sazonados con ajo y mejorana.

### *De postre...*

Algunos restaurantes ofrecen buñuelos rellenos de fruta *(ovocné knedlíky)*: fresas, albaricoques, cerezas, ciruelas o incluso arándanos; se sirven calientes. Muchos checos las prefieren de segundo plato, en grandes cantidades... Otro postre tradicional son las crepes con distintos rellenos *(palácinka)*.

## QUÉ BEBER
### *De aperitivo...*

Pruebe antes de la comida la Becherovka, una especie de licor de hierbas que se destila en Karlovy Vary (Carlsbad). La medida normal es de 5 cl (2 cl para un vaso pequeño).

### *Agua mineral*

Las marcas más conocidas son Mattoniho kyselka, Ida o Korunní kyselka.

### *Cerveza*

La cerveza *(pivo)* es la bebida nacional. La que generalmente se sirve es rubia, ligera, fría y en grandes jarras de medio litro o de 33 cl. Esta cerveza —junto con la Pilsner Urquell (Plzeňské) o la Budweiser genuina (Budvar)— goza de fama mundial, pero también merece la pena probar otras, como las Branické, Staropramen, Velkopopovické, Krušovické, Radegast o Holešovické, por citar tan sólo algunas de las más conocidas.

Los *pivnice* u *hospoda*, son establecimientos dónde sólo se despacha cerveza. Abundan en la ciudad, y algunos llevan abiertos desde la Edad Media. En la Ciudad Nueva, la taberna **U Fleků** *(Křemencová 9/11,* [CY]*)* fabrica su propia cerveza oscura de malta tostada desde 1499.
Otra cervecería muy conocida de las tradicionales es **Hostinec U Kalicha** *(Na Bojišti 12-14,* [DY]*, ✆ (2) 9618 9600, imprescindible realizar reserva)*, donde le amenizarán la cena con música de acordeón.

## Vinos

Los amantes del vino podrán degustar la extensa gama de vinos de Moravia y de Bohemia. Se trata, en su mayoría, de vinos blancos. La producción de tintos es menos importante: pida los Frankovka o Vavřinecké de Moravia, de sabor afrutado, o el Ludmila de Bohemia.

Por lo general, el vino checo es un vino joven. Si prefiere caldos más añejos, pida una botella de *archivní* o de *lahvově zralé*, así le servirán un vino de al menos dos o tres años.

Entre las *vinari* (tabernas) destacaremos las siguientes (es importante mencionar que dependen de un restaurante): **Vinára U Císařů** – *Loretánská 175/5* [AX], en el barrio de Hradčany, con su bodega abovedada, **Vinára Certovka** – *U Lužického Semináře 24* [BX], situada también en la orilla

*En Praga también encontrará puestos de baratijas...*

106

# RESTAURANTES

*... y marionetas.*

izquierda del Moldava, le permite almorzar a orillas del río, con una bonita vista del Puente Carlos.

## RESTAURANTES

Sería una pena irse de Praga sin haber visitado uno de los restaurantes selectos que ofrecen la cocina más tradicional, aunque sus precios sean más altos que los de la media. Si se decide, recuerde que conviene reservar.

**U Modre Kachničky** – *Nebovidská 6;* ✆ *(2) 5732 0308* [BX]. Quienes gustan de una decoración íntimista disfrutarán de cualquiera de los tres comedorcitos con los que cuenta este restaurante, situado en una tranquila calle de Malá Strana. En la «Canette Bleue» se sirve una cocina checa estupenda, a base – fundamentalmente – de platos de caza.

**U Vladaře** – *Maltézske náměsti 10;* ✆ *(2) 5753 4121* [BX]. El restaurante da a una placita de Malá Strana. La tranquilidad del lugar es un buen aderezo para sus platos tradicionales. La terraza es un punto fuerte de este establecimiento.

**U Trí Pštrosů** – *Dražickeho náměsti 12,* ✆ *(2) 5732 0565* [BX]. Situado justo donde desemboca el Puente Carlos en la ribera de Malá Strana. El restaurante se llama «Las tres avestruces», y las verá en la fachada del edificio, uno de los más antiguos de la ciudad. Sus dos comedores son pequeños, de decoración elegante y muy acogedores. La cocina es deliciosa.

# VIVIR PRAGA

## COMPRAS

En cualquier rincón del centro de Praga encontrará locales donde comprar objetos de **cristal tallado de Bohemia**. Este cristal es de óptima calidad. Si desea comprar algo excepcional, visite Moser en la calle Na Příkopě. Allí encontrará también porcelana de Carlsbad (Karlovarský porcelán), estación balnearia del Oeste de Bohemia. También merece la pena acercarse a otra tienda de la misma calle: *Sklo Bohemia* (en el nº 17), o en *Bohemia Crystal* (Celetná 5).

Otra especialidad de Bohemia es el **granate,** generalmente montado sobre **joyería** de plata dorada. Encontrará gran variedad en *Granát-Gold* (Dlouhá 30).

En cuanto a las tiendas de **moda**, le recomendamos que visite *Cerná růže* (Na Přikopě 12), pasaje de 1930 rehabilitado para el comercio. Cerca de la Náměsti Republiky ha abierto sus puertas *Stará Celnice*, galería comercial de arquitectura moderna que acoge tiendas de las mejores marcas.

Los **juguetes de madera** y **las marionetas** destacan por el gusto y la originalidad con que están realizados. Muchas marionetas representan a personajes tradicionales de obras populares, como *Kašpárek y Kalupinka* (títeres tradicionales del guiñol checo). En *Pohádka* (Celetná 23) encontrará una amplia oferta, pero si prefiere la fabricación artesanal le recomendamos *Fantazie Loutky* (Rytířská 19).

# ESPECTÁCULOS Y VIDA NOCTURNA

Praga también es buen sitio para comprar recuerdos de **cerámica**. De nuevo será usted quien decida si se lleva a casa cerámica tradicional, pintada a mano (la encontrará en *Keramika*, Havelská 19), o moderna (*Česká Keramika*, Havelská 19), o moderna (Česká Keramika, Celetná 4).

En el centro de la ciudad encontrará varios **grandes almacenes** en los que se vende una amplia gama de artículos. Bílá Labut' (en la calle Na Poříčí), Kotva (en la Plaza de la República), o Tesco (en la plaza Venceslao; abre los domingos) bien merecen una visita.

Resulta un placer vagar por los mercados callejeros; en ellos podrá adquirir artículos de lo más original. El mercado Havel, de la calle Havelská, es famoso por la calidad de su mercancía: fruta, verdura, quesos, objetos de cerámica, juguetes tallados en madera y objetos de regalo.

## ESPECTÁCULOS Y VIDA NOCTURNA

La animación que de noche invade las calles, especialmente en verano, ha terminado con el silencio nocturno impuesto durante tantos años. La oferta de espectáculos es amplísima a lo largo de todo el año. Una forma de evitar encontrarse con el cartel de «completo» *(vyprodano)*, es reservar las entradas a través de una agencia (que le cobrará comisión); a continuación le indicamos un par de ellas: **Ticketpro** (Salvatorská 10, [CX], ✆ (2) 2481 4020, www.ticketpro.cz) o **Bohemia Ticket International** (Na Příkopě 16, [DX], ✆ (2) 2421 5031, www.ticketsbit.cz).

También podrá comprar entradas en Čedok, (Na Příkopě 18), en el **Prague Information Service** (PIS, Na Příkopě 20) y en el **Prague Tourist Center** (Rytířská 12, [CX]).

### Música

Los melómanos se dan cita en el **Rudolfinum** (Alsovo nabr. 12, [CX], ✆ 2489 3111), sede de la orquesta filarmónica checa, de la que destaca la majestuosa Sala Dořák. De la misma manera, cita obligada para los amantes de la ópera es la **Státní Opera Praha** (Wilsonova 4, [DY], ✆ 2422 7266) o el **Stavovské Divadlo** – Teatro de los Estados (Ovocny trh 1, [CX T¹], ✆ 2490 1487).

La oferta de jazz no tiene nada que envidiar a la de música clásica, como podrá comprobar si visita – entre otros – los siguientes locales: **Agharta Club** (Krakovská 5, [DY]), **Reduta** (Národní 20, [CY]), **U staré paní** (Michalská 9, [CX]).

Los más jóvenes quizá prefieran los **clubes de rock** de Praga. Los más conocidos son el **Rock café** (Národní 20, [CY]) y el **Lucerna Music Bar** (Vodičkova 36, [CY]).

# INFORMACIONES PRÁCTICAS

## CÓMO LLEGAR

### Antes de salir
Los ciudadanos de la Unión Europea y de Chile no necesitan visado; un pasaporte en regla es suficiente para realizar una estancia de hasta cinco meses. Por su parte, los ciudadanos de los países de América Latina deberán solicitar un visado, cuyo importe puede variar según cuál sea su país de origen.

### Aduana
En la actualidad se puede entrar y salir del país con divisas checas. No existen restricciones en lo que se refiere a la importación de divisas extranjeras.

### Llegada en avión
El aeropuerto de Praga (Ruzyně) recibe vuelos diarios procedentes de todo el mundo.
La compañía aérea checa (ČSA) tiene oficinas en España.

### Traslado a la ciudad
El aeropuerto internacional de Ruzyně se encuentra aproximadamente a 19 km del centro. Hay dos servicios de autobuses que enlazan el aeropuerto con la ciudad.

### Llegada por carretera
A los ciudadanos de la Unión Europea se les suele pedir que presenten el permiso de conducir de su país, los papeles del vehículo, la tarjeta de seguro internacional y el pasaporte. Una vez en territorio checo, tendrá que pagar unas tasas (entre 400 Kč y 2.000 Kč) para poder circular por el país. Una vez formalizado el pago, en los puestos fronterizos —y en determinadas estaciones de servicios— le entregarán un autoadhesivo para el parabrisas de su vehículo.

También puede trasladarse a Praga en autocar, si está dispuesto a soportar las aproximadamente 38 h de trayecto desde Madrid.

### Mapas
Si decide ir en coche hasta Praga le será de gran ayuda contar con el **Atlas de Europa** de Michelin. Sin duda, el mapa Michelin nº **976**, *República Checa, República Eslovaca* (1:400.000), le será de utilidad. Además de las carreteras principales y los lugares de interés turístico, incluye un plano de Praga que le será muy útil para visitar la ciudad y sus alrededores. En la **Guía Roja de Europa** encontrará una selección de hoteles y restaurantes.

### Llegada en tren
No existe línea directa entre España y Praga. Si decide viajar a Praga en tren, infórmese en RENFE, ✆ 902 24 02 02 (también en Internet: www.renfe.es).

La tarjeta InterRail tiene validez en la República Checa.

**CÓMO LLEGAR**

*El Castillo de Praga, la Catedral de San Vito y la iglesia de San Nicolás.*

*111*

# INFORMACIONES PRÁCTICAS

# A a la Z

## Accidentes y averías

En caso de accidente existe la obligación de dar parte a la policía (☏ **158** para la policía nacional o **156** para la municipal). Si no hay que lamentar daños físicos, rellene el parte amistoso internacional que le habrá proporcionado su compañía de seguros, y recuerde quedarse con una copia. La carta verde del seguro le evitará molestias burocráticas. El servicio **Autoturist** dispone de una red de asistencia y reparación para aquellos conductores que se encuentren con dificultades. Podrá contactarles en el ☏ **1230** (el servicio de UAMK) o desde los puestos con teléfonos de urgencia que se encuentran a lo largo de las carreteras principales. Los equipos de reparación reciben el nombre de «ángeles amarillos», ya que prestan su servicio en Škodas de este color. Marque el **124** (servicio de ABA) para contactar otros servicios de reparación; en este número le pondrán en contacto con talleres especializados en la reparación de coches de marca occidental.

## Albergues de juventud
*véase* **Alojamiento**

## Aseos

Encontrará aseos limpios en los vestíbulos de entrada de las estaciones de metro y en muchos lugares de interés turístico. Algunos son de pago, y de no ser así, se acostumbra a dejar algunas coronas a la persona encargada. Tampoco le pondrán problema alguno si necesita entrar en los servicios de cafés y restaurantes. La palabra checa para señoras es *Ženy* y para caballeros *Muži*. Normalmente se indica su ubicación con un cartel en el que pone WC, o bien *toalety*.

## Atención médica

Cualquiera que sea su nacionalidad, los que visitan este país reciben atención médica gratuita en caso de urgencia. El personal médico checo está altamente cualificado y muchos médicos hablan inglés o alemán. Si necesitara acudir a un médico (o un dentista), pida hora en Fakultní Poliklinika, 2º piso, 28

# A-C

Karlovo náměstí; ✆ **2490 4111** (horario: 8 h-16 h 15). Hablan inglés. También puede pedir en su hotel que llamen a un médico. Asimismo, recibirá atención médica privada en el Consultorio Diplomático para Extranjeros, Na Homolce, Roentgenova 2, Praga 5, Smichov. Llame antes al ✆ **5727 2154** o al ✆ **57 27 21 54/ 2146**. También hay una clínica para extranjeros en el centro de Praga: Palackého 5, ✆ **94 91 81** y **24 94 69 81** (este último para atención odontológica), cerca de la calle Jungmannova (junto a la Plaza Venceslao).

Para problemas de menor importancia diríjase a la farmacia más cercana. Encontrará una farmacia abierta permanentemente en la siguiente dirección: Lékárna u **U Kroftů**, Heydukova 10; Praga 8 (a 200 m de la estación de metro de Palmovka, en la línea B). En la puerta de cualquier farmacia encontrará un cartel en el que se indican las que están de guardia. La mayoría de los farmacéuticos hablan alemán o un poco de inglés. El personal de su hotel probablemente también pueda serle de ayuda.

## Camping

En Praga y alrededores hay numerosos campings, pero en verano suelen estar atestados. Se dividen en dos categorías: los de clase A, para caravanas (además de las duchas y aseos disponen a veces de una tienda y un restaurante) y los de clase B, instalaciones más básicas con aseos. A continuación facilitamos los datos de dos campings adecuadamente equipados:

**TRIOCAMP Prahas** – Dolní Chabry Rístecká ✆ fax: **6881180** (en las afueras); y **Caravan Camping ČSK,** Císaršká louka 162, 150 00 Praga 5; ✆ (2) 54 56 62, fax (2) 54 01 29 (en la carretera nacional que une Plzeň con la frontera). Čedok proporciona una lista completa de los campings de Praga y alrededores. No es fácil encontrar bombonas de gas o alcohol de quemar: cuente con ello al hacer el equipaje.

## Clima

El clima de Praga es continental, lo que se traduce en grandes diferencias de temperatura entre el invierno y el verano. Por lo general, los veranos son calurosos y secos, con temperaturas que a menudo superan los 30 °C. Por el contrario, los inviernos pueden llegar a ser muy fríos, con temperaturas que oscilan en torno a los 0 °C. No hay que descartar la posibilidad de que el termómetro llegue a indicar los -15 °C, y es posible que nieve. Merece la pena contemplar Praga bajo la nieve, a pesar de que cuando esto ocurre la capa apenas

# INFORMACIÓN de la A a la Z

dura unos días, y enseguida se convierte en un barrizal (¡cuidado con las caídas!).

Sin embargo, el aire de Praga no está todo lo despejado que sería de desear, sobre todo en invierno y a finales de otoño, cuando la niebla se hace frecuente. Los mejores periodos para visitar la ciudad son la primavera y el otoño, pues el clima es más suave. Se corre el riesgo de que llueva algún día, pero el espectáculo que ofrecen los árboles en flor (colina Petrín) en el mes de mayo, o los tonos otoñales que más tarde adquieren sus hojas, constituyen para el visitante un recuerdo imborrable.

## Coches de alquiler

Lo más práctico es alquilar un coche desde su país de origen. No obstante, recuerde que las agencias de alquiler de coches más importantes están representadas en Praga. Algunas compañías aéreas, como la compañía checa, ofrecen combinaciones billete/coche; encontrará oficinas de las compañia en el mismo aeropuerto. Alquilar modelos checos es más barato que alquilar coches de marca occidental. El Škoda responde mejor en el adoquinado checo que otros coches más caros. Los ciudadanos de la Unión Europea deben estar en posesión de un permiso de conducir de más de un año de antigüedad.

## Correos

Podrá comprar sellos (*známky*) en los hoteles (a menudo disponen de su propio buzón), en las tiendas que venden postales, en papelerías, estancos y en las oficinas de correos. La **Oficina Central de Correos** está en la calle Jindřišská 14, muy cerca de la Plaza Venceslao. Esta oficina, abierta las 24 horas, presta servicio telefónico, de correo y télex, así como una lista de correos (para recoger el correo es necesario presentar el pasaporte).

## Corriente eléctrica

En Praga el voltaje es de 220V.

## Días festivos

Año Nuevo: 1 de enero.
Lunes de Pascua.
Día del Trabajo: 1 de mayo.
Día de la Liberación del Fascismo: 8 de mayo.
Día de los Misioneros Eslavos: 5 de julio.
Aniversario de Jan Hus: 6 de julio.
Fiesta Nacional: 28 de octubre.
Navidades: 25 y 26 de diciembre.

## Discapacitados

Por desgracia, Praga no es una capital especialmente equipada para acoger a personas con discapacidades físicas; sin embargo, la situación va mejorando a medida que se toma conciencia de las dificultades a que se enfrentan estas personas. El adoquinado de las calles o sus pronunciadas cuestas, así como los altos escalones que hay que salvar para acceder a los autobuses, no facilitan las cosas. No obstante, algunos lugares de interés turístico están equipados con ascensores, y otros disponen de rampas para sillas de ruedas. Casi todos los hoteles de reciente construcción han tenido en cuenta las necesidades de los discapacitados, pero le recomendamos que se asegure antes de hacer su reserva. Una buena idea es ponerse en contacto con la **Asociación Checa de Minusválidos**, Karlínské námêstí 12, ✆ **2421 5915** y ✆ **2481 6997**.

### Embajadas

**España**: Pevnostni 9, 16200 Praga 6; ✆ 24 31 14 41
**Argentina**: Washingtonova 25, Praga 1 – Nove Mesto; ✆ 24 21 24 48
**Chile**: U. Vorliku 623/4, 16000 Praga 6; ✆ 24 31 50 64
**México**: Nad Kazankou 8, Troja, 17100 Praga 7; ✆ 28 55 55 54
**Perú**: Hradecka 18, 13091 Praga 3, Vinohrady; ✆ 24 31 62 10

### Espectáculos

Si desea reservar entradas para la ópera, el ballet, el teatro, comedias musicales etc., póngase en contacto con **Ticket World,** Plaza de España 18, Torre de Madrid 3ª, oficina 16 (www.viajarasuaire.com).

### Excursiones

En Praga son numerosas las agencias de viajes que ofrecen visitas guiadas, cruceros por el río y excursiones organizadas en autocar a lugares históricos o a los castillos situados en las afueras de Praga. Para obtener más información, antes de partir de viaje, consulte en la embajada checa o en las oficinas de la compañía aérea nacional (ČSA).
Asimismo, la recepción de los hoteles pone a su disposición folletos y revistas con información sobre excursiones y la actualidad cultural. Además, hay carteles informativos por toda la ciudad.
A continuación le indicamos cómo contactar con dos compañías especializadas en las visitas guiadas de la ciudad y en excursiones y cruceros: **Best Tour** (✆ 878 947, www.besttour.cz) y **Premiant City Tour** ( ✆ 600 123, www.premiant.cz).

Quizá le apetezca conocer Praga de manera original. Si es así tenemos dos sugerencias: A bordo de un barquito tradicional (12 pasajeros) – organizado por **Prague Venise**, ✆ 603819947, www.Prague-Venise.cz) o en coche antiguo con chófer (salida desde Na Přikopĕ 18) – información en **Čedok** (✆ 24197242, 222.cedok.cz).

**Prague Walks** organiza paseos por la ciudad en torno a un tema (✆ 6121 4603, www.praguewalks.com).

*115*

# INFORMACIÓN de la A a la Z

**Fiestas populares**
**Marzo diciembre:** *Agharta Prague Jazz Festival* (www.arta.cz).
**Mayo:** *Feria International del Libro* (www.bookworld.cz)
**12 de mayo a principios de junio:** *Primavera de Praga*. Festival de música (www.festival.cz). Este festival, de renombre internacional, es sin duda el de mayor prestigio de la ciudad, tanto por la calidad de las obras programadas como por la de los intérpretes.
**Junio:** *Dance Prague*. Festival internacional de danza contemporánea (www.tanecpha.cz). *Respect*. Festival de música étnica (www.rachot.cz).
**Julio-septiembre:** *Shakespeare Summer Festival*
**Septiembre:** *Otoño de Praga*. Festival internacional de música clásica (www.pragueautumn.cz).
**Octubre:** *Festival Internacional de Jazz*.
**Diciembre:** Celebraciones navideñas.

## Horarios

**Tiendas:** Los grandes almacenes abren de 8 h a 19 h – a veces incluso hasta las 20 h o las 22 h – (de lunes a viernes), y de 8 h/8 h 30 a 13 h (sábados); a veces incluso todo el día en los sitios más turísticos. Las demás tiendas abren de 8 h a 18 h, y hasta las 12 h los

*Praga pone a prueba al turista más avezado; pero siempre podrá hacer un alto a los pies de Jan Hus, en la Plaza de la Ciudad Vieja.*

sábados, aunque no hay una regla fija. Algunas tiendas cierran a la hora del almuerzo.
**Museos**: De 10 h a 17 h/18 h, de martes a domingo, excepto el Museo Judío, que cierra los sábados.
**Oficinas de correos**: 8 h 30 a 18 h (de lunes a viernes), de 8 h a 12 h los sábados. **La oficina central de correos** (y lista de correos) se encuentra en Jindřišská 14, Praga 1.
**Oficinas**: De 8 h 30 a 17 h, de lunes a viernes.

### Huso horario

La hora de Praga se calcula sobre el meridiano de Greenwich, añadiéndosele una hora; de marzo a septiembre se adelanta una hora al reloj para igualar su horario con el de Europa Central (GMT + 2). La hora checa corresponde, pues, a la hora española.

### Libros

Este viaje puede ser la ocasión perfecta para releer o descubrir a los numerosos escritores que se han inspirado en esta ciudad de leyenda. Comience por Franz Kafka o Milan Kundera; en 1997 se reeditó la práctica totalidad de sus obras más conocidas. Citaremos **El Castillo** y **La Condena** (Alianza) o **Diarios 1910-1923** (Tusquets) de Kafka; de Kundera encontrará fácilmente **La Inmortalidad, La insoportable levedad del ser** o **La despedida** (Tusquets). También puede seguir las desventuras de Germán, bibliotecario y personaje principal de **Después de Praga** (Lumen), de Jesús Carazo, mientras que Miguel Delibes nos hace una propuesta más seria en **Primavera de Praga** (Destino). Si quiere una visión documentada de la ciudad y sus tesoros lea **Praga** (Destino, colección «Ciudades»), de Teresa Pamiès.

### Moneda y bancos

En la actualidad se pueden conseguir oficialmente coronas checas (koruna c̆eská) fuera del país, pero en la práctica es muy difícil encontrarlas. Su nombre abreviado es Kč. La corona se divide en 100 hellers (halérů) y se presenta con los siguientes valores:
**Billetes** de 20, 50, 100, 200, 500, 1.000, 2.000 y 5.000 Kč.
**Monedas** de 1, 2, 5, 10, 20 y 50 Kč, así como de 10, 20 y 50 hellers.
Le recomendamos llevar cheques de viaje, ya que podrá cambiarlos en hoteles, bancos o en cualquiera de las numerosas oficinas oficiales de cambio repartidas por la ciudad. Es de uso corriente la aceptación de pago mediante Eurocheques, y también con tarjeta de crédito; con ésta podrá obtener dinero en efectivo en los principales bancos y en las ventanillas de cambio, así como pagar en hoteles,

# INFORMACIÓN de la A a la Z

restaurantes y tiendas. En caso de pérdida de cheques de viaje o tarjetas de crédito póngase en contacto lo antes posible con el banco emisor, al que deberá facilitar los números correspondientes. También será necesario denunciar la pérdida a la policía. Los **bancos** del centro abren de 8 h a 17 h, de lunes a viernes (aunque algunos cierran durante una hora para almorzar) y de 8 h 30 a 13 h los sábados. ¡Cuidado! Entre semana los bancos menos céntricos puede que cierren a las 14 h. Las oficinas de cambio están abiertas por lo menos hasta las 23 h.
Es probable que se vea abordado por cambistas: se trata del mercado negro, práctica ilegal y nada recomendable.

## Moverse en coche

Varias razones para no conducir por el centro de la ciudad: las calles de una sola dirección son numerosas, a menudo hay calles cerradas al tráfico por obras y es muy difícil encontrar sitio para aparcar. Es muy probable que acabe aparcando en un espacio reservado para el transporte público o para personas en osesión de un permiso especial. Además, las multas deben pagarse en el momento, a menos que la grúa ya se haya llevado su vehículo a uno de los tres depósitos con que cuenta la ciudad.

Una vez avisado, también le diremos que algunos hoteles disponen de plazas de aparcamiento para clientes, y que muchos grandes almacenes cuentan con aparcamientos subterráneos.
Si se trata de salir de la ciudad, no lo dude. El campo que rodea Praga es fácilmente accesible y las carreteras están en buen estado. Algunos pueblos han conservado intencionadamente el pavimento de la calzada para impedir que los conductores transiten por ellas a gran velocidad. Si viaja por autopista, no se olvide de la pegatina obligatoria (*véase* **Cómo llegar**).
Las normas de seguridad son las mismas que las de la mayoría de los países europeos (es obligatorio el uso del cinturón, tanto en los asientos delanteros como en los traseros; los niños menores de 12 años deben ir sentados detrás). ¡Cuidado!, conducir ebrio está severamente castigado. Se conduce por la derecha. Recuerde que los coches que circulan ya en una glorieta tienen prioridad sobre los que se incorporan. Está prohibido adelantar a los tranvías mientras suben o bajan los pasajeros, a no ser que haya un islote para tal fin. Atención en los cruces: los tranvías siempre tienen prioridad.
Los límites de velocidad son:
  **Poblaciones**: 50 km/h
  **Carreteras nacionales**: 90 km/h
  **Autopistas**: 130 km/h (80 km/h para las motos).

**M-N**

*El Puente Carlos en primer plano, y el Castillo de Praga en segundo.*

En las gasolineras cada vez es más común encontrar gasolina sin plomo (normal y super plus), debido al creciente número de vehículos extranjeros que repostan en ellas. La indicación a menudo está escrita en alemán: *bleifrei*. En Praga hay dos gasolineras que abren las 24 horas del día: una en Argentineská, pasado el puente Hlárkův, y a la salida de la ciudad por la autopista de Plzeň. Las estaciones de servicio normalmente están abiertas de 6 h a 20 h.

### Niños

En Praga a los niños no les faltará motivo de distracción: el zoo, el funicular que lleva hasta el laberinto de los espejos (en la colina de Petřín), el teatro de marionetas y la verbena ambulante. Las calesas de tiro seducen por igual a pequeños y grandes (tienen parada en Straromeštské námĕsti [CX]), lo mismo que las travesías por el río —¡y también se pueden alquilar barcas de remo! (salen de la paqueña isla de Slovanskíostrov [CY]).

Los menores de diez años viajan gratis en el transporte público. Los niños entre los 10 y los 5 años viajan en tren por sólo la mitad de precio.

# INFORMACIÓN de la A a la Z

## Objetos perdidos

La oficina principal de objetos perdidos, Ztráty a nálezy, se encuentra en Karolíny Svĕtlé 5, Praha 1; ✆ **2423 5085** (de 8 h 30 a 18 h). Si pierde el pasaporte, los papeles del coche o cualquier otro documento, coja el tranvía nº 5 ó 9 a Olšanská 2 (en el barrio de Žižkov); ✆ **2427 9543** ó **2427 2730.** Caso de que perdiera el pasaporte, informe a su embajada inmediatamente. La pérdida de cheques de viaje o de la tarjeta de crédito debe ser notificada inmediatamente al banco emisor, quien solicitará los números de serie correspondientes; además, hay que dar parte a la policía.

## Oficinas de información turística

La embajada checa y las agencias de la compañía aérea checa (ČSA) proporcionan un amplio surtido de folletos en los que encontrará información de todo tipo: direcciones y horarios de los distintos museos, medios de transporte con los que moverse por la ciudad, datos de los hoteles recomendados por las oficinas de turismo y un largo etcétera: **Embajada de la República Checa en Madrid**: Avda. Pío XII, 22-24, 28016 Madrid; ✆ 913 53 18 80.
**ČSA:** *véase* **Cómo llegar**
Desde hace más de setenta años la agencia **Čedok** es la encargada de proporcionar información turística de la República Checa. En Praga hay tres oficinas que dependen de ella: Na Přikopé 18, Václavské nám. 53, Rytířská 16. También puede dirigirse a las oficinas del **Prague Information Service** (PIS): en Staromĕstské námĕstí (en interior del Ayuntamiento, situado en la plaza de la Ciudad Vieja), en Na Přikopĕ 20, en Hlavního nádraži (en el vestíbulo de la estación principal) y en Malostranská mostecká vĕž (Torre del Puente de a Ciudad Vieja, durante la temporada turística).

Desde 1989 numerosas agencias internacionales de viajes han abierto oficinas en Praga, sumándose en su tarea a las agencias nacionales: **Centro de Turismo de Praga**, Rytířská 12, ✆ **2421 2209; Thomas Cook,** Národní 28, Praha 1, ✆ **2110 5272; American Express,** Václavské námĕstí 56, ✆ **21 01 658.**
En todas estas direcciones podrá obtener información sobre visitas, recorridos, excursiones, alojamiento (campings inclusive) y espectáculos.

## Policía

Los agentes de policía llevan un uniforme negro y patrullan en automóviles blancos atravesados por una franja verde, con la palabra «POLICIE» escrita debajo. La policía es muy amable con los visitantes y es frecuente que los agentes apostados en los lugares más turísticos hablen algún idioma extranjero; lo más habitual es que se trate del alemán. La **Comisaría Central** se encuentra en la calle Bartolomějská 6, Praga 1. ✆ **2413 1111**. En las estaciones de metro y en numerosas calles hay teléfonos de emergencia para llamar a la policía. El número para este tipo de llamadas es el ✆ **158.**

## Propinas

La propina forma parte de las costumbres checas. El personal de los hoteles, los guías y los empleados de guardarropía o aseos ni siquiera se plantean la posibilidad de que no se les deje algo. Por regla general se deja un 5% de la cuenta en restaurantes y taxis, y algunas coronas para los demás servicios.

## Radio y televisión

En Praga se sintonizan cuatro canales de televisión. El tercero está dedicado a las cadenas occidentales —incluidas la CNN y la BBC— y ofrece programación las 24 horas del día. Los demás canales son en checo. En algunos hoteles podrá ver programas extranjeros vía satélite.

## Religión

La República Checa es —en su mayoría— un país católico. En las principales iglesias y en la Catedral de San Vito se celebra diariamente la misa en checo. El horario de los oficios puede variar, por lo que le aconsejamos que consulte los tablones informativos. En la iglesia de San Nicolás, en Staroměstské náměstí, se offician servicios protestantes (husitas).

Los visitantes judíos pueden asistir al servicio religioso de la Sinagoga Vieja-Nueva (Josefov) los sábados a las 20 h 45.

## Salones de té

La tradición de los cafés *(kavárna)* viene de largo (nos consta la primera mención de un café ya en 1683). No obstante, fue durante el imperio austro-húngaro y en las décadas de 1920 y 1930 cuando se convirtieron en instituciones frecuentadas por la alta sociedad, intelectuales y artistas. Si bien es cierto que la época dorada de los **grandes cafés** ya ha pasado – aquellos tiempos en que los habituales proporcionaban el caché al local, aún merece la pena acomodarse en uno de estos antiguos salones y, a falta de bohemia que observar, admirar la decoración art nouveau. Hay tres cafés que no debe perderse: La **Obecí Dům** – Casa Municipal (Náměstí Republiky 5, [DX N²], el **Slavia** (*Smetanovo nábřeži 2,* [CX]) y el **Café Evropa** (*Václavské Námèsti 25,* [DY]).

A los checos les gusta el café turco, sin filtrar, pero también encontrará café «normal» en casi todas partes.

*121*

# INFORMACIÓN de la A a la Z

El café puede ser una excusa estupenda para descansar después de haber estado andando todo el día, pero...¿y si lo suyo no es el café? En Praga hay para todos los gustos; quizá prefiera entrar en algún *čajovna* (en otras palabras, salón de té). En el n° 14 de Václavské náměstí [DY] verá un cartel que indica la entrada al **Dobra Čajovna**, ubicado en un patio interior que, rodeado de edificios de balcones corridos, preside una estatua de Buda. **V Koutkou** también se esconde en el interior de un patio perteneciente al n° 1 de la calle Michalska [CX], cerca de la Staroměstské náměstí. Sus pastas caseras son un auténtico regalo para el paladar. Si se encuentra en la zona de Malà Strana dése in respiro en el **U Zeléno Caje**, instalado en el n° 17 de la empinada calle nerudova [BX].

## Seguridad ciudadana

Por desgracia, el número de delitos menores se ha incrementado considerablemente en Praga, y muchos visitantes son víctimas de bandas organizadas de carteristas o de otro tipo de ladrones. Su principal campo de operaciones son los tranvías que recorren los itinerarios preferidos por los turistas. Tenga esto en mente y como medida de precaución procure no llevar consigo grandes sumas de dinero, así como un número limitado de tarjetas de crédito. Lo más aconsejable es depositar los objetos de valor en la caja fuerte del hotel. Cierre el coche siempre con llave y no deje a la vista objetos de valor.

Si es víctima de un robo, presente inmediatamente una denuncia en la comisaría de policía de la calle Bartolomějská 6, Staré Město, Praga 1, ℂ **61 45 15 10,** y guarde el atestado para presentárselo a su compañía de seguros. El teléfono de urgencia de la policía nacional es el ℂ **158** y el de la policía municipal el ℂ **156.**

Conserve siempre una copia de sus números de pasaporte y tarjetas de crédito. Si le roban el pasaporte, diríjase de inmediato a la embajada.

## Tabaco

Está prohibido fumar en las tiendas y en el transporte público, aunque en los trenes hay compartimentos para fumadores. En numerosos restaurantes y cafeterías está prohibido fumar de 10 h a 14 h, no así en las cervecerías. El tabaco se vende en los *tabák*.

## Teatro

La fama del teatro negro ha traspasado las fronteras checas. En este espectáculo los actores visten de negro, y se mueven en un escenario completamente oscuro; en él se conjugan danza y pantomima, de la mano de música de fondo y juegos de luz. Déjese sorprender por las representaciones organizadas en el **Divadlo Image** (Pařížká 4, [CX], ✆ 232 91 91) o en el All **Colours Theatre** (Rytířská 31, [CX], ✆ 2161 0173). La famosa **Lanterna Magika** (Národní 4, [CY], ✆ 2491 4129) ofrece espectáculos fantásticos, mezcla de teatro negro y efectos audiovisuales.

El **Narodní Divaldo** – Teatro Nacional (Národní 2, [CY T²], ✆ 2490 1448) cuenta con repertorio propio.

El teatro de marionetas también cuenta con el favor del público de Praga. Niños y adultos pasarán un buen rato en el **Narodni Divadlo Marionet** – Teatro Nacional de Marionetas, Žatecká 1, [CX], ✆ 2481 9322.

### Teléfono

Para llamar a Praga desde España hay que marcar el 07-420-2 + número del abonado.
Para llamar a España desde Praga hay que marcar el **00 34** (**00 54** si llama a Argentina, **00 52** a México, **00 58** a Venezuela, etc.)
El número del servicio de información internacional es el **01 49.**
Si precisa información sobre llamadas en el interior del país tendrá que llamar al ✆ 1180.

Encontrar una cabina de monedas le resultará difícil, pues la mayoría no aceptan más que **tarjetas telefónicas**. Éstas pueden comprarse en las oficinas de correos o en los quioscos de periódicos. A menudo encontrará las instrucciones de uso de los teléfonos públicos en varios idiomas.

Recuerde que si decide llamar desde el hotel tendrá que pagar un suplemento.

### Transportes

La red de transporte público de Praga es envidiable: se extiende por toda la ciudad y ofrece un servicio barato, fiable y eficaz. En trazos generales diremos que los tranvías circulan por el centro de la ciudad y los autobuses lo comunican con los barrios periféricos. Las tres líneas de metro (A, B, C) cubren la ciudad de un extremo a otro.
El mismo billete es válido para los tres medios de transporte, y durante el periodo de una hora (hora y media por la noche y los fines de semana) puede cambiar de uno a otro tantas veces como lo desee. Podrá adquirirlo en las máquinas expendedoras de los quioscos de periódicos, en los estancos y en el metro. Los niños menores de 10 años viajan gratis, pero tendrá que pagar otro billete si lleva consigo equipaje voluminoso. Deberá validar el billete en las máquinas situadas en la entrada de las estaciones de metro, autobuses y tranvías
Quizá la forma más económica de utilizar el transporte público

# INFORMACIÓN de la A a la Z

sea comprar una **abono** de 1, 3, 7 o 15 días, dependiendo de cuánto dure su estancia. Al igual que ocurría con el billete, el abono debe validarse en el momento en que se inicie su uso.

El metro funciona desde las cinco de la mañana hasta las doce de la noche. Los tranvías funcionan de 4 h 30 a las 24 h; por la noche siguen prestando servicio las líneas 51-58. El horario de autobuses es el mismo; el servicio nocturno lo prestan las líneas 501-512. Por cierto, andar resulta la mejor manera para conocer a una ciudad como Praga... Sin embargo, hace falta señalar las siguientes estaciones y líneas de particular interés turístico :

## Metro

Línea A *(verde)* : estaciones de **Staroměstská** (Ciudad Vieja) y de **Malostranská** (Malá Straná).
Línea B *(amarilla)* : estaciones de **Náměsti Republiky** (Casa Municipal), **Karlovo náměsti** (Plaza Carlos) y **Smíchovské nádraží** (estación de ferrocaril de Smíchov, donde pueden coger un tren de cercanías para visitar et castillo de Karlštejn).
Línea C *(roja)* : **Vyšehrad.**

## Tranvía

Línea 17, de **Výtoň** (Vyšerhad) a **Výstaviště** (Parque de Exposiciones), pasando por **Národní divadlo** (Teatro nacional), **Staroměstská** (Ciudad Vieja) y **Veletržni** (Galería de Arte moderno del Palacio de Exposiciones).
Línea 22, de **Karlovo náměsti** (Plaza Carlos) a **Pohořelec** (monasterio de Strahov) por **Malostranské náměsti** (Plaza de Malá Straná) y **Pražský hrad** (Castillo de Praga) : ideal para quién quiere descubrir a la capital checa sin moverse de su asiento !
El funicular que va de Malá Strana a la colina de Petřín pertenece a la red de transporte público urbano. Circula de 9 h 15 a 20 h 45.
El ferrocarril checo también es muy eficaz y económico.

Si desea sacar billete para un tren rápido, recuerde que es preciso reservar. La estación principal de Praga está en la calle Wilsonova, cerca del Museo Nacional.

Evite los taxis que circulan por las zonas turísticas: tienen la mala reputación de cobrar de más. Si se ve obligado a coger uno, intente negociar el precio de la carrera antes de salir. Puede pedir un taxi (o pedir que se lo pidan en el hotel) llamando a:
**AAA Taxi:** ℂ 1080.
**ACRO Taxi:** ℂ 1088
**Halotaxi:** ℂ 1031
**Profitaxi:** ℂ 1035

También se pueden coger en las estaciones, así como en las proximidades de hoteles, estaciones y grandes almacenes.

## Urgencias

A continuación le ofrecemos una lista de teléfonos útiles en caso de urgencia:
Policía: ✆ **158**
Ambulancia: ✆ **333**
Médico: ✆ **155**
Bomberos: ✆ **150**
Dentista: ✆ **2421 6032**
Farmacia: ✆ **53 7039**
Averías de coche: ✆ **123** (averías en carretera las 24 horas del día)

## Usos y costumbres

Son muchos los checos deseosos de entrar en contacto con visitantes occidentales, y de poner en práctica sus conocimientos de idiomas.

No se olvide de estrechar la mano de alguien cuando le conozca, especialmente si se trata de un viaje de negocios, ya que cualquier checo se sorprenderá si no lo hace.

Está mal visto dejar la chaqueta o el abrigo en el respaldo de la silla en restaurantes, cafés o teatros. Cuélguelo en la percha o déjelo en el guardarropa.

*Coja el tranvía al Teatro Nacional.*

# INFORMACIONES PRÁCTICAS

## VOCABULARIO ESENCIAL

El checo tiene fama de ser un idioma difícil, lo cual no quita para que durante su estancia en Praga intente aprender algunas palabras. El alemán es, con mucho, el idioma extranjero más hablado, por lo que si usted habla este idioma no tendrá grandes problemas de comunicación (aunque el inglés va ganando terreno). Si su interés por Praga tiene que ver con los negocios, lo más recomendable es que se ponga a aprender alemán. No obstante, los checos apreciarán cualquier esfuerzo que usted haga por hablar su idioma. Una ventaja: el checo se lee prácticamente como se escribe. Sólo hace falta que tenga en cuenta un par de cosas. Las vocales con **tilde** son más largas que las que no la llevan. Las consonantes presentan alguna dificultad: la **ch** se pronuncia como la jota; la **j** como una **y**; la **r** siempre es vibrante, como nuestra **rr**; la **ř** es una mezcla de la **r** y la **y** (un sonido muy característico del idioma que sólo unos pocos llegan a imitar correctamente – ¡no se desanime!); la **č** es como nuestra **ch**; la **š** es una **ch** "a la andaluza"; la **ň** como la ñ (¿parecido, verdad?) y la **ž** como la **y**. A continuación encontrará algunas palabras útiles:

| | |
|---|---|
| sí/no | **ano/ne** |
| por favor | **prosím** |
| gracias | **děkuji** |
| hola | **ahoj** |
| adiós | **na shledanou** |
| buenos días | **dobré ráno** |
| ¿dónde? | **kde?** |
| ¿cuándo? | **kdy?** |
| ¿cuánto? | **kolik?** |
| té | **čaj** |
| café | **káva** |
| cerveza | **pivo** |
| vino | **víno** |
| taberna | **hospoda** |
| cafetería | **cavárna** |
| restaurante | **restaurace** |
| tasca/restaurante donde sirven vino | **vinný sklep/vinarna** |

# ÍNDICE

*Agharta Jazz Centrum*, 87
*Ávaros*, 7
Ayuntamiento de la Ciudad Vieja, 28
Ayuntamiento Judʻo, 77

*Baía, Tomáš*, 85
Barrio judío, 71
*Bebidas*, 103
Bertramka, 88
Biblioteca Nacional, 32
Bílkova Vila, 93
Bořivoj, 8
*Boios*, 7
Boleslav, 8
*Boleslav el Piadoso*, 8
Brandl, Petr, 70

*Café Slavia*, 85
Camino real, 24
*Čapek, Karel*, 21
Capilla de Belén, 68
*Carlos I*, 9
*Carlos IV*, 9
Carolinum, 70
Casa de František Bílek, 93
**Casas**
   de la Campana de Piedra, 27, 86
   de la Virgen negra, 26
   de las Tres Avestruces, 36
   de los Dos Soles, 39
   de los Señores de Kunštát, 69
   del Minuto, 29
   del Pozo de Oro, 31
   Municipal, 24, 86
   Sixt, 26
Castillo de Křivoklát, 95
Castillo de Karlštejn, 94
Castillo de Konopišt, 95
**Castillo de Praga, 46**
   Basílica de San Jorge, 54, 87
   Belvedere, 48
   Callejón del Oro, 55
   Capilla de San Venceslao, 51
   Catedral de San Vito, 48
   Fuente Cantarina, 48
   Galería del Castillo, 48
   Iglesia del Santo Crucifijo, 47
   Palacio Real, 53
   Puerta Matthias, 47
   Sala Española, 48
   Sala Vladislav, 53
   Tesoro de San Vito, 47
   Torre Dalibor, 56
Celetná, 25
Cementerio Judío, 80
*Cerveza*, 105
Clementinum, 32, 66

*Clima*, 113
*Compras*, 108
Conservatorio de los Ciegos, 62
Contrarreforma, 13
Convento benedictino de San Jorge, 55
Convento de las Ursulinas, 85
Convento de Santa Inés, 71
Cruz de oro, 83

Diezenhofer, Christoph, 36
Diezenhofer, Kilian, 36
Dvořák, Anton, 18

*El Tigre de Oro*, 67
*Entrantes*, 103
Escuela Týn, 26
*Eslavos*, 7
*Espectáculos y vida nocturna*, 109

*Fiestas populares*, 116
*Francisco Fernando de Austria (archiduque)*, 95
Fuente Kriňíká, 87

Galería Nacional, 45, 59, 91
*Gastronomía*, 103
Golem, 78
*Guerra de los Siete Años*, 13
*Guerra de Sucesión de Austria*, 13

*Habsburgo*, 12
*Hašek, Jaroslav*, 20
Hotel Europa, 84
Hotel Jalta, 84
*Hunos*, 7
Hus, Jan, 10

**Iglesias**
   de Nuestra Señora de la Cadena, 63, 86
   de Nuestra Señora de las Victorias, 61
   de Nuestra Señora de Týn, 26
   de San Cástulo, 71
   de San Francisco, 32
   de San Gil, 68
   de San Nicolás, 86
   de San Simón y San Judas, 86
   de Santiago, 70, 86
   del Espíritu Santo, 74
   del Salvador, 32

*Janáiek, Leoš*, 18
Jardín del Palacio Ledebour, 59
Jardín del Palacio Palffy, 59
Josefov, 71

Joyas de la corona de Bohemia, 52
*Juan de Luxemburgo*, 9

*Kafka, Franz*, 20
Kampa, 36, 63
*Klíma, Ivan*, 21
*Kundera, Milan*, 21

Lapidarium, 89
Loreto, 41
*Löw (rabino)*, 78

*Maisel, Mordechai*, 76
*Malá strana*, 57
Malostranské nám sti, 36
*Martinů, Bohuslav*, 18
*Masaryk, Jan*, 42
*Masaryk, Tomáš*, 14, 42
Mercado del Carbón, 69
Metropolitan Jazz Club, 87
Metternich, 14
Monasterio de Zbraslav, 97
Muro del Hambre, 60
**Museos**
   de Artes Decorativas, 90
   de Historia Militar, 45, 90
   de la Ciudad de Praga, 90
   de la Técnica, 90
   del Juguete, 57, 90
   Dvorak, 88
   Mozart, 88
   Mucha, 89
   Nacional, 84, 88
   Nacional Judʻo, 77
   Náprstek, 69
   Smetana, 90

*Náměstí Jana Palacha*, 64
*Náměstí Republiky*, 24
*Neruda, Jan*, 39
*Nerudova (calle)*, 39
*Normalización*, 15
Nuevo Ayuntamiento, 66

Ópera Estatal, 86
*Otakar II*, 9

**Palacios**
   Buquoy, 63
   Caretto-Millesimo, 26
   Černin, 42
   Clam-Gallas, 31, 67
   del Arzobispado, 45
   Golz-Kinský, 27
   Kaiserstein, 38
   Liechtenstein, 39, 86
   Lobkowicz, 57, 87, 89
   Lucerna, 84
   Manhart, 26
   Morzin, 40
   Nostitz, 62, 86
   Real (*véase* Castillo de Praga)

*127*

# ÍNDICE

Schönborn, 61
Schwarzenberg, 45
Sternberg, 45
Thun, 60
Thun-Hohenstein, 40
Toscano, 44
Troja, 93, 99
Turba, 62
Wallenstein, 57
*Palach, Jan*, 64
Panteón, 96
*Parléř, Petr*, 33
Parque de Exposiciones, 87
Parque Vojan, 63
Petrin, 60
Picadero del Palacio
   Wallenstein, 93
Plaza de la Ciudad Vieja, 26
Plaza de los Cruzados, 32
Plaza Venceslao, 83
Postres, 105
Presa de Slapy, 99
Primavera de Praga, 14
*Princesa Libuše*, 7, 96, 98
Puente Carlos, 31, 32, 34, 36
Puerta de hierro, 69

*Reduta*, 87
Reloj astronómico, 28
*Restaurantes y cafés*, 107
*Revolución de terciopelo*, 15
*Rodolfo II*, 12
Rudolfinum, 64, 86
Ruta de la Coronación
   (*véase* Camino Real)

Sala de los Congresos, 86
Sala Dvorak, 66, 86
Sala Española, 87
Sala Smetana, 86
*Salomon* (galerías
   comerciales), 33
Salón del Alcalde, 24
*San Juan Nepomuceno*, 35, 52
Santa Casa, 41
*Šárka*, 98
*Segundos Platos*, 104
Sinagoga Alta, 80
Sinagoga Española, 74
Sinagoga Klaus, 82
Sinagoga Pinkas, 80
Sinagoga Vieja-Nueva, 80
*Smetana, Bedřich*, 18

Staré město, 64
Staroměstská, 64
Staroměstské náměstí, 26, 73
Strahov (monasterio), 41, 92
*Švejk*, 20

Teatro de la Balaustrada, 69
Teatro de los Estados, 25,
   70, 86
Teatro Nacional, 85, 86
Tesoro de Nuestra Señora
   del Loreto, 41
Torre del Puente de la
   Ciudad Vieja, 33
Torre Polvorín, 24

*Ungelt*, 26

Václavské Náměstí, 83
*Venceslao*, 8
*Vinos*, 106
Vyšehrad, 95

*Wallenstein*, 57

Zoo de Praga, 99